선과 악의 기준은 무엇인가?

오타가 있을 수 있습니다.

제한된 시간에
최소한의 매무새만 갖췄습니다.

추후
선과 악의 근본적 가치를
전하려던 책의 문체, 꼴(책의 형식)에 맞는
모양을 찾겠습니다.

책은 만드는데 많은 시간이 소요되지만

글로써, 책으로,
국민의 한 사람.
출판인에

걸맞은 방식으로 행동하고자
부족함을 무릅쓰고
출간합니다.

선과 악의 기준은 무엇인가?

*The Book Count Lucanor and Patronio Juan Manuel*의 저작권 ©1335

The Book of Count Lucanor and Patronio:

A Translation of Don Juan Manuel's El Conde Lucanor

이 책은 14세기에 만들어진 중세 스페인 문학 작품이며 교훈적인 이야기들을 담고 있다. 각 이야기의 마지막에 도덕적 교훈을 제공하며 백작이 자신의 현명한 조언자 파트로니오에게 조언을 구하는 형식으로 구성되어 있다.

이 작품은 유럽 문학사에서 매우 중요한 위치를 차지한다. 특히 중세 스페인 산문 문학의 발전에 기여한 작품으로 평가된다.

저자와 책에 대한 설명

■ 돈 후안 마누엘의 생애와 문학적 배경

돈 후안 마누엘의 삶은 극적이고 역동적이었다. 그는 1282년에 스페인 왕가의 일원으로 태어났고, 왕족으로서 누릴 수 있는 문화적 혜택을 풍부하게 경험했다.

그의 아버지는 알폰소 10세 왕의 동생이자, 훌륭한 교육을 받았던 마누엘 왕자였다. 이로 인해 돈 후안 마누엘은 어렸을 때부터 지식과 문화를 중시하는 환경에서 자랐다. 그러나 그는 왕위 계승권과는 거리가 있었기 때문에 주로 정치적 전략가와 문필가로서 활동했다.

그는 군사적 지도자로서 용맹하고 뛰어난 전술가였지만, 정치적으로는 종종 충성과 배신 사이에서 갈등을 겪었다. 후에 정치적인 이유로 그는 스페인 왕국을 배신하고 무슬림 왕국인 그라나다의 왕과 동맹을 맺는 등 위험한 선택을 하기도 했다. 하지만 이러한 정치적 복잡함에도 불구하고 그는 문학적 업적에서 두각을 나타냈다.

당시 스페인은 전쟁, 전염병, 왕위 다툼 등으로 혼란스러웠지만, 문화적으로는 여전히 활발한 시기였다. 현명한 왕이라고 불리는 알폰소 10세(1221-1284)가 다스리던 시기는 '르네상스'라고 불릴 만큼 스페인에서 학문과 문화가 융성한 시기로 평가받는다. 그러한 문화적 부흥의 영향으로 13세기의 스페인에서는 학문과 예술이 크게 발전했고, 돈 후안 마누엘은 이러한 분위기 속에서 자라나 문화와 학문에 깊은 관심을 가졌다.

■ 돈 후안 마누엘의 문학적 활동과 주요 작품들

돈 후안 마누엘은 스페인 중세 문학의 중요한 인물로, 그의 작품들은 다양한 주제를 다루고 있으며, 특히 그의 이야기책인 <루카노르 백작(Count Lucanor)>은 스페인 문학에서 중요한 위치를 차지하고 있다.

이 책은 여러 개의 짧은 이야기를 모은 책으로, 각 이야기는 도덕적 교훈을 담고 있으며 주인공 루카노르 백작이 신하인 파트로니오에게 조언을 구하는 형식으로 진행된다.

각 이야기는 간단하지만 중요한 교훈을 전달하는 데 중점을 두었고 이러한 이야기 방식은 이후의 스페인 문학에 큰 영향을 미쳤다. 그의 작품 목록은 방대하며 다양한 주제를 포괄한다. 『가문의 문장에 관한 책(Libro de las armas)』에서는 자신의 가문과 문장을 찬양하고, 『사냥에 관한 책(Libro de la caza)』에서는 사냥과 관련된 지식을 다뤘으며, 『신분 계급에 관한 책(Libro de los estados)』은 사회 각 계층의 역할과 의무를 설명하는 정치 철학적인 책이다.

또한 『아들에게 주는 훈계와 조언(Castigos y consejos a su hijo)』은 아들에게 왕자로서의 덕목과 지혜를 가르치는 형식의 교육서이다. 이외에도 여러 저서를 통해 정치, 전쟁, 종교, 철학 등의 다양한 주제를 다뤘으며 그의 작품들은 스페인 문학의 중세적 특징을 고스란히 담고 있다.

돈 후안 마누엘은 학문과 문학에 관한 깊은 애정을 갖고 있었으며, 자신의 작품들이 후대에 전해질 수 있도록 보존하는 데에도 많은 노력을 기울였다. 당시 책은 손으로 직접 필사해야 했기 때문에 잘못된 사본이나 부주의한 필사로 원본이 훼손될 위험이 있었다. 이에 관해 그는 매우 민감하게 반응했으며 필사 과정에서 실수로 작품이 왜곡되거나 손상될 경우 강한 분노를 표출하곤 했다. 그는 자신의 책이 제대로 된 형태로 후대에 전해지기를 간절히 바랐다.

■ 돈 후안 마누엘이 살았던 시대의 문학적 환경

그가 활동했던 14세기 스페인은 문학적 활동이 활발했던 시기였다. 이 시기에는 문학적, 철학적 작품들이 많이 만들어졌으며 학문적 성취도 높았다. 특히 이 시기 스페인 문학의 중요한 특징 중 하나는 동양 문학의 영향을 많이 받았다는 점이다. 『칼릴라와 딤나(Kalila and Dimna)』와 같이 동양에서 전래된 이야기들은 스페인 문학에 큰 영향을 미쳤으며, 주로 교훈적인 내용을 담고 있어서 스페인 문학의 도덕적 메시지 전달 방식을 형성하는 데 기여했다.

『칼릴라와 딤나』는 인도의 <판차탄트라(Panchatantra)>에서 기원한 이야기로, 페르시아와 아랍을 거쳐 스페인에 도착한 작품이다. 이 작품은 동물들이 주인공인 우화 형식을 통해 도덕적 교훈을 전달하는데 이런 방식은 스페인 문학에서 중요한 이야기 형식으로 자리 잡았다. 돈 후안 마누엘 역시 이러한 전통을 이어받아 『루카노르 백작』에서 교훈적 이야기를 짧은 예화 형식으로 풀어냈다.

또한 『신디바드의 책(The Book of Sindibad)』같은 동시대 작품들도 이 시기 스페인 문학에 영향을 미쳤다. 신디바드 이야기는 여러 가지 짧은 이야기들로 구성되어 있으며 교훈적인 메시지를 담고 있다. 돈 후안 마누엘은 이러한 동양의 이야기 구조를 자신의 작품 속에 차용해 다양한 교훈적 이야기를 담아냈다.

이 외에도 『바를람과 요사팟(Barlaam and Josaphat)』같은 종교적 이야기는 돈 후안 마누엘의 작품에서 중요한 위치를 차지한다. 이 이야기는 인도의 불교 전설을 바탕으로 한 작품으로, 기독교적인 교훈을 전달하는 데 사용되었다. 돈 후안 마누엘은 이러한 종교적 이야기를 자신의 작품에 녹여내어 당시 독자들에게 신앙적 메시지를 전달하고자 했다.

■ 돈 후안 마누엘의 문체와 서사 기법

그의 문체는 단순하면서도 세련된 것이 특징이다. 그는 독자들이 쉽게 이해할 수 있도록 명확하고 간결한 문장 구조를 사용했으며 이야기를 통해 전달하려는 교훈을 명확하게 표현했다. 그는 지나치게 복잡한 문장이나 불필요한 장식을 피하고 이야기의 본질을 잘 전달하는 데 중점을 두었다.

그의 문체는 당대 스페인 문학에서 흔히 볼 수 있는 라틴어식 표현에서 벗어나, 보다 현대적인 스페인어에 가까운 형태로 발전했다. 그는 독자들에게 교훈을 전달하면서도 이야기를 재미있게 만들기 위해 노력했으며 이로써 독자들이 교훈을 더 쉽게 받아들일 수 있도록 했다.

특히 이 책『루카노르 백작』에서는 각 이야기가 끝날 때마다 짧은 운문 형식의 간단한 교훈으로 마무리했는데, 이 운문은 이야기를 듣는 사람들이 쉽게 기억할 수 있도록 돕는 역할을 했다. 이러한 서사 기법은 당대의 독자들이 이야기를 통해 도덕적 교훈을 배울 수 있도록 돕는 중요한 장치였다.

■ 결론

돈 후안 마누엘은 중세 스페인의 중요한 문학가이자 사상가다. 그의 작품들은 스페인 문학의 발전에 큰 기여를 했다. 그는 동양과 서양의 다양한 이야기 전통을 결합하여 독창적인 이야기를 만들어냈으며, 당시의 사회적, 종교적, 정치적 상황을 반영하면서도 오늘날까지 여전히 중요한 의미를 지니고 있다.

■ 도입부

이 책은 왕자 돈 마누엘 (Don Manuel)의 아들이며, 국경 지역과 무르시아 왕국의 최고 관리자인 돈 후안 (Don Juan)이 집필했다. 모든 사람이 이 세상에서 명예, 재산, 지위를 높이는 데 유익한 업적을 이루고 그들의 영혼을 구할 수 있는 길을 따르도록 바라는 마음에서 썼다.

이 책에는 그가 알고 있는 가장 유익한 이야기들이 담겨 있어, 사람들이 원하는 것을 성취할 수 있도록 돕고자 했다. 그리고 이 책에서 사람들에게 일어난 일과 비슷한 이야기를 하나도 찾지 못한다면, 그것이야말로 놀라운 일일 것이다.

돈 후안은 책을 복사하는 과정에서 많은 오류가 발생할 수 있다는 것을 보고 알게 되었다. 글자들이 서로 비슷해 보이기 때문에 어떤 글자가 다른 글자로 잘못 인식되어, 글을 쓸 때 전체 의미가 달라지거나 혼란스러워질 수 있기 때문이다.

또한 훗날, 그렇게 기록된 것을 발견한 사람들은 그 책을 쓴 사람을 탓하게 된다. 돈 후안 (Don Juan)은 이 점을 두려워했기 때문에 그가 작성하거나 쓴 것을 복사한 어떤 책이든 읽는 사람이 잘못된 단어를 읽는다면, 그를 탓하지 말고, 돈 후안이 직접 쓴 원본을 읽기를 청한다. 그 원본은 여러 군데에서 그의 손으로 수정되었다.

그는 학식이 높지 않고 지식이 많지 않은 사람들이 이익을 얻을 수 있기를 바랐다. 따라서 모든 작품을 스페인어로 썼으며 이는 자신처럼 많은 학식을 배운 사람이 아니라 일반 대중을 위해 썼다는 확실한 증거가 된다.

서문

　이 세상 모든 사람은 그 누구도 같은 얼굴이 없다. 모든 사람은 같은 인간적 특징을 갖고 있음에도 얼굴은 서로 다르다. 지금까지 지구에 태어난 그 누구도 같은 얼굴이 없다. 하지만 이렇게 작은 부분인 얼굴에도 큰 차이가 있으니 각 사람의 의지와 마음에도 차이가 있다는 건 놀랄 일이 아니다. 그러므로 누구도 다른 사람과 의지와 목적이 완전히 같을 수 없다는 걸 알 수 있다.

　주인을 섬기는 이들은 모두 주인을 섬기지만, 그 방법은 제각기 다르다. 밭을 갈고, 동물을 기르고, 창을 던지고, 사냥을 하고, 그 외의 모든 일을 하는 이들도 그러하다. 그들은 그 일을 수행하지만, 그 일에 대한 이해와 실행 방식은 서로 다르다. 이러한 예와, 너무 길어서 말할 수 없는 많은 다른 예들을 통해,

모든 사람이 인간이며 모두가 의지와 이해를 갖고 있지만 얼굴에서 서도 조금도 닮지 않은 것처럼 의지와 목적에서도 조금도 닮지 않았다는 것을 이해할 수 있다.

하지만 사람들은 비슷한 점도 있어서 모두가 자신에게 더 마음에 드는 것을 사용하고, 원하며, 가장 잘 배운다. 그리고 가장 마음에 드는 것을 가장 잘 배우기 때문에 무엇을 가르칠 때는 '배우는 사람이 가장 좋아할 만한 방식'으로 가르쳐야 한다.

그리고 많은 사람들이 미묘한 의미를 잘 이해하지 못하기 때문에 책을 읽거나 그 안에 쓰인 내용을 배우는 것을 좋아하지 않는다. 그래서 그들은 책을 읽는 즐거움을 느끼지 못하고, 결국 배울 수 없으며 충분한 지식을 쌓지 못하게 된다. 그래서 나는 가능한 한 쉽게 이해할 수 있는 말들로 이 책을 구성했고 그 사이에 유익한 이야기를 넣어 누구나 이를 통해 도움을 받을 수 있도록 했다.

나는 이를 의사들의 방식으로 하였다. 의사들이 간을 위한 약을 준비할 때, 간이 본래 단 것을 좋아하기 때문에 그 약에 설탕이나 꿀 같은 달콤한 것을 섞는다. 단 것을 좋아하는 간이, 단 것을 받아들일 때 그와 함께 이익이 되는 약도 받아들인다. 의사들은 이와 같은 방식으로 필요한 장기에도 자연스럽게 끌리는 무언가와 함께 약을 주는 것이다.

　이 책을 읽는 사람들이 그 안에 있는 유익한 내용을 기꺼이 즐기면 좋겠다. 이 내용을 잘 이해하지 못하는 사람들도 그 안에 섞여 있는 흥미롭고 아름다운 표현들과 함께 유익한 것들을 읽게 될 것이다. 설령 유익한 내용을 읽고 싶지 않거나 관심이 없다 해도, 간이 단 것과 섞인 약에서 이익을 얻듯이 그 내용이 그들에게 도움이 될 것이다.

　이 책은 한 귀족이 그의 조언자와 대화를 나누는 형식으로 쓰여 있다. 그리하여 루카노르 백작 (Count Lucanor)과 그의 조언자 파트로니오(Patronio)가 서로 대화를 나누게 되었다.

목차

인간의 가장 훌륭한 덕목은
'수치심(부끄러움)'을 아는 것!

어느 날 루카노르 백작은 파트로니오와 대화를 나누었다.

파트로니오, 당신의 지혜가 이 세상 그 누구와도 비교할 수 없을 만큼 뛰어나다는 것을 확신하고 있소. 그러니 한 가지 질문을 하오. 인간이 가질 수 있는 가장 훌륭한 덕목이 무엇이오?

비록 내게 이롭지 않더라도 올바르고 나은 행동을 하기 위해서 알아두어야 할 것들이 많다고 생각하오. 사람이 올바른 일을 하기 위해 여러 가지 덕목이 필요하지만, 너무 많은 것을 실천하기는 어려울 것이오. 그러니 적어도 한 가지 중요한 덕목만이라도 기억하고 실천할 수 있게 알려주시오.

파트로니오가 대답했다.

백작님의 고결함으로 저를 지나치게 칭찬하시니 감사드리나,

저를 너무 높이 평가하고 계신 것 같습니다.

감히 말씀드리면 사람의 지혜나 능력을 파악하는 것만큼 실수하기 쉬운 일은 없습니다. 사람의 본성과 지혜를 진정으로 이해하기 위해서는 그가 세상을 위해 어떤 선행을 하는지를 보아야 합니다.

겉으로는 선행을 행하는 듯 보이지만, 실은 타인의 평가에만 신경 쓰는 사람들이 많기 때문입니다. 많은 선행으로 덕을 쌓은 사람이라도 일시적인 쾌락을 추구하다보면 영원한 고통을 받게 됩니다.

반면, 어떤 이들은 오직 세상을 위해 선행을 행하며 평판을 신경 쓰지 않습니다. 이들은 세상의 어느 것보다 훨씬 더 값진 것을 선택한 것이며 그 누구도 그들의 가치를 빼앗을 수 없을 것입니다.

세상 사람들을 위한 길과 자신의 길을 동시에 따르기 위해서는 큰 지혜와 뛰어난 행실이 필요합니다. 이는 마치 불 속에 손을 넣고도 뜨거움을 느끼지 않는 것만큼 어려운 일이지만, 하늘의 보살핌과 자기 자신의 노력을 병행하면 어떤 일도 해낼 수 있습니다. 과거의 많은 훌륭한 왕들과 성자들이 세상과 자신을 위해 봉사함으로써 큰 업적을 이루었듯이 말입니다.

마찬가지로 어떤 사람이 참된 지혜를 가진 사람인지 알아내기 위해서는 많은 노력이 필요합니다. 많은 이들이 현명한 말은 할 줄 알지만 기대되는 선행을 실천하지 않는 경우가 많습니다. 반면에, 어떤 이들은 훌륭하게 행동하면서도 말을 아끼는 사람들도 있습니다.

또 다른 이들은 말도 잘하고 훌륭한 일을 행하지만 그들의 의도가 악해서 자신에게는 좋은 일을 하면서도 타인에게는 해를 끼칩니다. 이런 사람들에 대해서는 '손에 칼을 쥔 미치광이'나 '큰 권력을 가진 악한 왕자'에 비유할 수 있습니다.

그러므로 백작님, 누가 세상 앞에 선한 사람인지, 누가 진정한 지혜를 가진 사람인지, 누가 말과 행동이 일치하는지, 누가 선한 의도를 지니고 있는지를 올바르게 판단하기 위해서는, 그들의 행위를 오랜 시간에 걸쳐 살펴야 합니다. 짧은 시간의 판단으로는 충분하지 않습니다.
또한, 그들이 자신의 일들을 개선해 나가는지, 아니면 망치고 있는지를 관찰하십시오. 이러한 두 가지 방법을 통해 앞서 말씀드린 모든 것을 명확히 알 수 있습니다.

그리고 백작님께서 궁금해하는 '사람이 가질 수 있는 가장 훌륭한 덕목이 무엇인가'에 대해 진실을 알려 드리기 위해, 이제 살라딘과 그의 신하였던 한 기사의 고귀한 아내에게 일어난 일을 말씀드리고자 합니다.

백작이 무슨 일이 있었는지 물었고 파트로니오가 말했다.

이슬람 국가의 술탄이자 예루살렘의 탈환자로 알려진 살라딘은 항상 수많은 수행원을 거느리고 있었습니다. 어느 날 그는 한 기사의 집에 머물게 되었습니다. 기사는 위대한 주군이 자신의 집에 머무는 것을 보고, 그를 기쁘게 하기 위해 할 수 있는 모든 일을 다 했습니다. 뿐만 아니라 그의 아내와 자녀들도 술탄을 극진히 모셨습니다.

그러나 악마는 언제나 인간을 타락시키기 위해 기회를 노리고 있지요. 악마는 살라딘은 자신의 의무를 잊고 기사의 아내를 사랑하도록 만들었습니다. 그의 사랑은 계속 커져만 갔습니다. 그는 즉시 자신의 욕망을 부추길 조언자를 찾았습니다.

그 조언자에게 자신의 욕망을 이루는 방법을 물어보았습니다.

어수룩한 조언자는 기사를 불러 큰 호의를 베풀고 그를 대규모 부대의 지도자로 임명한 후, 먼 곳으로 파견해 버리라고 권했습니다. 남편이 집을 떠난 동안 살라딘은 자신의 욕망을 채울 수 있을 것이기 때문입니다

기사는 자신이 매우 운이 좋고 주군과 가까운 사이가 되었다고 믿으며 떠났고 그 후 살라딘은 그의 집으로 갔습니다. 기사의 아내는 남편에게 큰 은혜를 베푼 살라딘이 찾아왔다는 것을 알고 그를 따뜻하게 맞이하며 극진히 대접했습니다. 그녀와 집의 모든 사람들은 살라딘을 기쁘게 하기 위해 최선을 다했습니다.

식사가 끝난 후 살라딘이 방으로 돌아간 뒤, 그는 그 부인을 불러오라고 사람을 보냈습니다. 부인이 방에 들어오자, 살라딘은 그녀에게 자신이 깊이 사랑하고 있다고 고백했습니다. 그녀는 그 말을 듣고 즉시 그 의미를 이해했지만, 이해하지 못한 척하며 대답했습니다.

"신께서 당신에게 좋은 삶을 주시고 큰 행복을 누리게 해 주시길 바랍니다. 저는 당신의 삶을 소중히 여기며 언제나 당신께 합당한 축복이 있기를 기도할 것입니다. 왜냐하면 당신은 나의

주군일 뿐만 아니라 나와 내 남편에게 큰 은혜를 베풀어 주신 분이기 때문입니다."

그러자 살라딘은 "그 모든 것을 통틀어, 그 어떤 여자보다도 당신을 사랑합니다."라고 말했습니다. 그러나 부인은 여전히 그의 의도를 모르는 척하며 감사 인사를 전했습니다. 그 후 살라딘은 끊임없이 자신의 사랑을 주장했고 그 말을 들은 부인은 매우 순결하고 지혜로운 사람이었기에 이렇게 대답했습니다.

"주군이시여, 비록 저는 평범한 여자에 불과하지만 사람의 마음대로 사랑이 이뤄지는 것이 아니라, 사랑에게 사람이 지배 당한다는 것을 알고 있습니다. 만약 당신께서 저를 그렇게 사랑 하신다면, 그 말이 진심임을 압니다.

그러나 저는 또 한 가지 사실을 이해하고 있습니다. 특히 권력을 가진 남자들이 여자를 마음에 들어 할 때, 그들은 그녀에게 무엇이든 해주겠다고 약속하지만 여자의 마음을 얻고 난 뒤에는 농락하거나 업신여기는 경우가 많다는 것입니다.

한때 사랑했던 여자를 경멸하는 일이 흔히 벌어지지요. 그런 상황에서 여자는 큰 어려움에 빠지게 됩니다. 저는 그런 일이 저에게도 일어날까 두렵습니다."

살라딘은 자신이 그녀를 존중할 것이며 결코 그녀를 모욕하지 않겠다고 약속하며 부인의 의심을 부인했습니다. 그러나 부인은 자신이 요구하는 한 가지를 들어주기를 바랐습니다. 그 후에는 그의 뜻대로 하게 해 주겠다고 말했습니다. 그러자 살라딘이 약속했습니다. 그때 부인은 그의 손과 발에 입을 맞추며 이렇게 말했습니다.

"제가 원하고 바라는 것은, 사람의 성품 중 가장 뛰어난 덕목, 모든 덕목의 근원이자 으뜸이 무엇인지 말씀해 주시는 것입니다."

살라딘은 이 말을 듣고 어떻게 대답해야 할지 몰라 당황하기 시작했습니다. 그는 부인에게 조금 생각할 시간이 필요하다고 말했습니다. 그녀는 그의 요청을 받아들였고 언제라도 그가 답을 찾는다면 그의 바람을 들어주겠다고 약속했습니다. 그들은 그렇게 합의에 이르렀습니다.

살라딘은 자신의 신하들 사이를 다니며 마치 다른 문제를 논의하는 것처럼 그 질문을 던졌습니다. 어떤 이는 사람의 최고의 덕목이 '고귀한 영혼'이라고 했고, 또 어떤 이는 그것이 저 세상에서는 훌륭한 덕목일지 몰라도, 이 세상에서는 충분하지 않다며 부정했습니다.

또 다른 이들은 최고의 덕목이 '충성심'이라고 했습니다. 그러나 다른 사람들은 충성심이 훌륭한 덕목이기는 하지만, 충성스러운 사람이 겁쟁이거나, 인색하거나, 무례할 수도 있으니 충성만으로는 충분하지 않다고 말했습니다. 그들은 이처럼 여러 덕목을 논의했지만 살라딘이 찾고자 하는 명확한 답을 얻을 수 없었습니다.

결국 살라딘은 자신의 나라에서는 아무도 답을 찾을 수 없다는 것을 깨달았습니다. 그는 두 명의 음유시인을 데리고 변장을 한 채, 자신의 신분을 숨기고 바다를 건넜습니다. 그들은 교황청으로 갔고 같은 질문을 했지만 답을 찾지 못했습니다.

그 후 그는 프랑스 왕의 궁정과 여러 왕들의 궁정을 방문했지만 마찬가지로 답을 얻지 못했습니다. 그는 오랫동안 이 문제에 매달렸고 결국 자신이 이 일을 시작한 것을 후회하기까지 했습니다. 그러나 이제는 단순히 부인의 요청 때문에 답을 찾는 것이 아니라, 위대한 사람으로서 자신이 시작한 일을 포기하는 것은 크게 치욕스러운 일이 돼 있었습니다.

만약 두려움이나 어려움 때문에 일을 포기한다면 그것은 결코 용서받을 수 없는 과오가 돼버릴 것입니다. 그래서 살라딘은 자신의 왕국을 떠나 답을 찾기 위해 시작한 일을 포기하지 않았습니다.

그러던 어느 날, 살라딘이 음유시인들과 함께 여행을 하던 중 사냥에서 돌아오는 청년을 만났습니다. 그는 기사가 되기 위한 수련 단계에 있는 젊은 남자였으며 사슴을 잡아 돌아오던 길이었습니다. 그의 아버지는 이 왕국에서 가장 뛰어난 기사였으나 나이가 들어 시력을 잃고 집 밖으로 나가지 못하게 되었습니다. 그러나 나이가 그의 통찰력을 빼앗아 가지는 못했습니다.

청년은 사냥을 마치고 기쁜 마음으로 돌아오던 중 살라딘 일행을 만나 누구인지 물었습니다. 살라딘 일행은 자신들이 음유시인이라고 대답했습니다. 청년은 이 말을 듣고 기뻐하며 말했습니다.

"저는 오늘 사냥에서 큰 기쁨을 얻었습니다. 그런데 여러분 같은 훌륭한 음유시인들이 우리 집에서 하룻밤 머물러 주신다면 매우 기쁠 것입니다."

그러나 그들은 오랫동안 답을 찾아 집을 떠나 있었기에 서둘러 돌아가야 한다며 하룻밤 머물 시간이 없다고 말했습니다. 청년이 계속해서 간청하자 결국 자신들이 찾고 있는 것이 무엇인지 그에게 털어놓았습니다. 그러자 청년은 이렇게 말했습니다.

"만약 우리 아버지께서 그 답을 알지 못하신다면, 아무도 그 답을 알 수 없을 것입니다."

그는 자신의 아버지가 어떤 사람인지 그들에게 설명했습니다. 그의 말을 들은 살라딘은 매우 기뻐하며 함께 그의 집으로 갔습니다. 집에 도착하자 청년은 사냥이 매우 성공적이었고 음유시인들까지 집으로 데려와 더욱 기쁘다고 아버지께 말했습니다.

그러면서 아버지께 그들이 찾고 있는 질문에 대해 아무도 만족스러운 답을 주지 못했으며 아버지가 답을 주지 못한다면 아무도 할 수 없을 것이라고 말했습니다. 그러나 아버지는 이 이야기를 듣고, 질문을 하는 이가 단순한 음유시인이 아님을 직감했습니다. 그리고 저녁 식사 후에 답을 주겠다고 아들에게 말했습니다.

청년은 이 소식을 전했고 살라딘은 그 말에 만족했습니다. 저녁 식사까지 기다리는 시간이 매우 더디게 흘렀습니다. 저녁 식사가 끝나고 음유시인들이 공연을 마친 후, 노 기사가 그들에게 물었습니다.

"이제 내가 들을 준비가 되었으니, 나에게 질문해 보시오.
그리고 나의 생각을 말해 주겠소."

그러자 살라딘은 음유시인의 옷을 입은 채 질문을 던졌습니다.

"사람이 가질 수 있는 가장 훌륭한 덕목, 모든 덕목의 근원이
자 으뜸인 것은 무엇입니까?"

노 기사는 이 질문을 듣자 즉시 그 의미를 정확히 이해했습
니다. 또한 이 질문을 통해 자신이 마주한 이가 살라딘임을 알
아차렸습니다. 그는 과거 살라딘의 집에서 오랫동안 머물렀고
그에게 많은 은혜와 존경을 받았기 때문입니다. 노 기사는 이렇
게 말했습니다.

"우선 여기에 이렇게 훌륭한 음유시인은 전에도 온 적이 없
다는 것을 말해 두겠습니다. 당신에게 받은 은혜를 인정하는 것
이 마땅하겠지만 그것은 사람들이 모르게 하겠습니다. 그리고
당신의 일이 세상에 알려지지 않도록 비밀을 지키겠습니다.

이제 당신의 질문에 대해 답하겠습니다.

사람이 가질 수 있는 가장 훌륭한 덕목, 모든 덕목의 근원이자 으뜸은 '부끄러움(수치심)'입니다. 부끄러움이 있기 때문에 사람은 죽음을 감수할 수 있으며, 그것은 세상에서 가장 무거운 일입니다.

또한, 부끄러움으로 인해 사람은 아무리 하고 싶은 일이 있어도 올바르지 않은 일은 피하게 되지요. 이렇게 부끄러움 속에서 모든 덕목이 시작되고 끝나는 것이며, 부끄러움을 모르는 것이 모든 악행의 근원입니다."

살라딘은 이 답변이 정확하다는 것을 깨닫고 매우 기뻐했습니다. 그는 노 기사와 그 아들에게 작별 인사를 나누고 길을 떠났습니다. 출발하기 전, 그는 노 기사와 따로 이야기를 나누며 자신이 살라딘임을 어떻게 알았는지 물었습니다. 노 기사는 살라딘에게 받은 은혜가 무엇인지 기억나는 대로 설명했습니다. 그리고 그는 아들과 함께 살라딘을 위해 할 수 있는 일을 했지만, 사람들이 알아채지 못하게 조심했습니다. 그 후, 살라딘은 가능한 한 빨리 고국으로 돌아갈 준비를 했습니다.

그가 자신의 나라로 돌아오자 사람들은 그의 귀환을 환영하며 축하했습니다. 축하 행사가 끝난 후, 살라딘은 질문을 던졌던 고귀한 부인의 집을 찾아갔습니다. 부인은 살라딘이 도착했다는 소식을 듣자 그를 따뜻하게 맞이하며 예의를 다했습니다. 식사를 마친 후, 살라딘은 방으로 돌아가 부인을 부르도록 했고 부인은 그의 부름을 받고 왔습니다.

살라딘은 그 질문에 대한 답을 찾기 위해 얼마나 많은 노력하고 고생했는지, 그리고 마침내 답을 찾았음을 그녀에게 말했습니다. 그는 약속을 지킬 준비가 되었으니 부인도 약속을 이행해야 한다고 했습니다. 그러자 부인은 그에게 그 질문에 대한 답을 알려 달라고 부탁하며, 그 답이 정말 완전한 것이라면 기꺼이 자신의 약속을 지키겠다고 말했습니다.

살라딘은 그녀의 말에 만족하며 자신이 찾은 답을 말해주었습니다.

'사람이 가질 수 있는 가장 훌륭한 덕목, 모든 덕목의 근원이자 으뜸은 부끄러움'이라고 말입니다.

부인은 이 답변을 듣고 기뻐하며 말했습니다.

"주군이시여, 이제 당신께서 진실을 말씀하셨음을 알겠습니다. 또한, 당신이 약속을 지키셨으니 진심으로 감사드립니다. 이제 한 가지 더 여쭙겠습니다. 훌륭한 왕은 항상 진실을 말해야 합니다. 이 세상에서 당신보다 더 나은 사람이 있다고 생각하십니까?"

살라딘은 왕으로서 진실을 말해야 했기에 비록 부끄러웠지만 이렇게 대답했습니다.

"나는 이 세상에서 나보다 더 나은 사람은 없다고 생각합니다. 나는 세상에서 가장 훌륭한 사람이라 믿고 있습니다."

그러자 부인은 그의 발치에 엎드려 눈물을 흘리며 말했다.

"주군이시여, 당신께서는 두 가지 깊은 진리를 말씀하셨습니다. 첫째는, 당신이 이 세상에서 가장 훌륭한 사람이라는 것이고 둘째는, '부끄러움이 인간이 가질 수 있는 가장 훌륭한 덕목'이라는 사실입니다.

주군이시여, 이제 이 두 가지를 알고 계시니, 이 세상에서 가장 훌륭한 사람으로서 최고의 덕목인 부끄러움을 실천해 주십시오. 그리고 저에게 요구하신 일에 대해 부끄러움을 느껴 주십시오.”

살라딘은 부인의 말을 모두 듣고 그녀가 탁월한 덕행과 지혜로 자신을 큰 죄에서 벗어나게 했다는 사실을 깨달으며 신께 감사했습니다. 비록 이전에 그녀를 누구보다도 사랑했지만 이제는 그녀를 더욱 깊고 순수한 마음으로 사랑하게 되었습니다. 그것은 훌륭하고 충성스러운 통치자가 백성 모두에게 품어야 할 진정한 사랑의 형태였습니다.

특히 그녀를 향한 그의 사랑 때문에 살라딘은 그녀의 남편을 불러 그에게 큰 영예와 혜택을 주었습니다. 그와 그의 가족뿐만 아니라 주변 이웃들까지도 그 덕을 입어 모두가 가장 행복한 사람들이 되었습니다. 이 모든 선행은 그 고귀한 부인의 덕행 덕분이었습니다.

그녀가 살라딘으로 하여금 ‘사람의 가장 뛰어난 덕목이 부끄러움(수치심)’이라는 사실을 깨닫게 했기 때문입니다. 부끄러움은 모든 덕목의 근원이자 으뜸이 되는 덕목입니다.

백작님께서 사람의 가장 훌륭한 덕목이 무엇인지 물으셨으니 그것이 바로 ‘부끄러움’이라고 말씀드리겠습니다. 부끄러움은 사람을 강하게 하고, 너그럽고 충성스럽게 하며, 품위 있고 좋은 습관을 가지게 만듭니다. 그리고 인간으로 하여금 노력하게 하며 성실함과 좋은 습관으로 선행을 하도록 만들어줍니다.

사람은 어떤 일을 하고자 하는 의지보다 부끄러움 때문에 더 많은 선행을 하게 되며, 반대로 부끄러움 때문에 원래 하고 싶었던 부당한 행동을 멈추게 됩니다. 그러므로 사람이 마땅히 해야 할 일을 하지 않았을 때 느끼는 부끄러움, 하지 말아야 할 일을 했을 때의 부끄러움은 얼마나 좋은 것이며 필요한 것입니까!

반대로 부끄러움을 잃는 것은 얼마나 사악하고 해로우며 추한 일입니까! 사람이 은밀한 죄를 저지르고도 부끄러워하지 않는다면, 그는 크게 잘못하는 것입니다. 아무리 비밀스러운 일이라도 결국 언젠가 드러나기 마련이기 때문입니다. 어떤 행위를 저지른 순간에는 부끄러움이 없을지 몰라도, 그것이 알려지면 반드시 부끄러움이 따르게 됩니다.

비록 자신이 부끄럽게 느껴지지 않더라도 자신이 저지른 일에 대해 부끄러워해야만 합니다. 자신의 행위가 얼마나 덕이 없는지 깨달아야 합니다. 만약 누군가 자신의 행동을 목격했다면 부끄러움 때문에 그 행동을 멈추었을 것이라는 사실을 생각해 보아야 합니다.

그리고 만약 자신의 부끄러운 행동을 멈추지 않고 부끄러워하지도 두려워하지도 않는다면, 그 모든 것을 보고 아시는 신께서 그에게 마땅한 벌을 내리실 것입니다.

이제, 제가 백작님께서 물으신 질문에 답을 드렸습니다. 백작님께서 여기 계신 시간이 오래되었으니, 아마도 동행한 이들 중에서는 짜증을 내는 사람들이 있을 것입니다.
특히, 자신들에게 유익한 것을 배우거나 듣고자 하지 않는 이들이 그렇습니다. 그들은 마치 금을 잔뜩 실은 짐승과 같아서, 무거운 짐을 등에 지고 고통스러워하지만 금의 가치를 누리지 못하는 것과 같습니다. 그들은 좋은 말과 유익한 가르침을 듣고도 짜증을 내며 그 내용을 제대로 활용하지 않습니다.

반면에 백작님은 지혜로운 선택을 하고자 진실로 궁금해 했기 때문에 지금까지 제가 드린 답변이 충분히 의미가 있었을 것입니다.

백작은 이 이야기가 훌륭한 교훈이라고 여겼으며,
질문을 할지는 상황에 따라 결정하기로 했다.

돈 후안은 책에 기록하며 다음과 같은 구절을 남겼다.

부끄러을 아는 사람이 되라.
부끄러움을 부끄럽게 여길 줄
아는 사람이 되라.

부끄러움은 악을 물리치고,
옳은 길을 쉽게 걸을 수 있도록 만든다.

거짓말하는 나

어느 날 루카노르 백작은 그의 조언자인 파트로니오에게 이렇게 말했다.

파트로니오, 나는 지금 매우 어려운 상황에 처해 있으며 나를 좋아하지 않는 몇몇 사람들과 치열한 다툼을 벌이고 있네.

이 사람들은 매우 다투기 좋아하고 부정직한데, 그들이 나에게뿐만 아니라 그들과 거래를 하는 사람들에게 거짓말을 하고 있네. 그들이 하는 거짓말들은 자기들에게 큰 이익을 주는 방식으로 잘 꾸며져 있으며 나에게 심각한 피해를 주고 있네.

이렇게 해서 그들은 점점 더 힘을 얻고 사람들은 나에게 화를 내게 되지. 만약 내가 그들과 똑같이 행동한다면 아마도 나 역시 그들만큼 거짓말을 잘할 수 있을 거라고 생각하지만, 나는 거짓말이 나쁜 일이라고 믿기 때문에 한 번도 그렇게 하지 않았네.

이제 당신이 가진 지혜를 바탕으로 내가 이런 사람들에게 어떻게 대처해야 할지 조언을 구하고 싶다네.

백작의 물음에 파트로니오는 이야기로 대답했다.

만약 백작님께서 가장 유익하고 좋은 방향으로 행동하시려면 진실과 거짓에게 일어났던 이야기를 들어보시길 권하고 싶습니다.

진실과 거짓은 동료였고 그들은 함께 한 시간이 제법 되었습니다. 어느 날 더 성급한 성격을 가진 거짓이 진실에게 한 가지 제안을 했습니다. 더운 날씨에 그들이 쉴 수 있는 그늘과 과일을 따먹을 수 있는 나무를 심으면 좋겠다고 말한 것입니다. 진실은 솔직하고 성실한 존재이므로 그 제안에 동의했습니다. 그리하여 나무를 심었고 나무가 자라기 시작했습니다.

거짓이 진실에게 말했습니다.

"우리 각자 이 나무에서 자기 몫을 선택하는 것이 좋을 것 같아."

거짓은 매우 명확하고 적절한 이유를 들어 설명했습니다.

"뿌리는 나무에게 생명과 양분을 제공하는 부분이므로 가장 중요하고 적합한 부분이야. 그러니 너는 땅속에 있는 뿌리를 선택하고, 나는 지상에서 자라는 작은 가지들을 선택할게.

물론, 이 가지들은 사람들이 잘라내거나, 동물들이 갉아먹거나, 새들이 부리와 발톱으로 다치게 할 수도 있고 큰 더위나 추위에 시달릴 위험이 있지. 하지만 뿌리는 그런 위험을 겪지 않아."

진실은 순진하고 믿음이 강한 존재였습니다. 나무에 대해 잘 알지 못했던 진실은 거짓의 주장을 듣고 그 말을 믿었습니다. 진실은 거짓이 더 좋은 선택을 하라고 충고하고 있다고 생각하여 뿌리를 선택했고, 그것에 매우 만족했습니다.

거짓은 자기 동료를 속였다는 사실에 기뻐하며 진실에게 아주 적절한 거짓말을 한 것을 자랑스러워했습니다. 그리하여 진실은 뿌리와 함께 지하에서 살게 되었고 거짓은 사람들이 사는 지상에 머물렀습니다. 거짓은 매우 아첨을 잘하는 존재였기에 얼마 지나지 않아 모든 사람들이 좋아하게 되었습니다.

나무는 점점 자라나고 커다란 가지와 넓은 잎사귀를 내며 아름다운 그늘을 만들었습니다. 나무에는 아름다운 색깔과 기분 좋은 모습을 가진 멋진 꽃들이 피어나기 시작했습니다. 사람들은 이 아름다운 나무를 보고 그 아래로 모여들어 그늘을 즐기고 화려한 꽃을 감상했습니다.

대부분의 사람들이 그곳에 있었고 심지어 그곳에 없는 사람들도 서로에게 이렇게 말하곤 했습니다.

"만약 안락함을 느끼고 행복하고 싶다면 거짓의 나무 그늘 아래에 머물러야 해."

사람들이 그 나무 아래로 모였을 때 거짓은 매우 매력적이고 영리했기 때문에 사람들에게 많은 친절한 행동을 했고, 자신이 아는 것을 그들에게 가르쳤습니다. 사람들은 거짓의 기술을 배우는 것을 매우 기뻐했습니다.

이렇게 해서 거짓은 대부분의 세상 사람들을 자기에게 끌어들였습니다. 어떤 이들에게는 단순한 거짓말을 가르쳤고 다른 이들에게는 더 복잡한 이중 거짓말을 가르쳤으며, 더 지식이 많은 사람들에게는 삼중 거짓말을 가르쳤습니다.

단순한 거짓말이란, 어떤 사람이 다른 사람에게 '아무개야, 내가 너를 위해 이런저런 일을 할게'라고 말하면서도, 실제로는 그 일을 할 의도가 없는 것을 의미합니다. 거기에 맹세를 하고 담보가 주어질 때, 그 거짓말의 효력은 두 배로 증가합니다.

그러나 자기를 위해 다른 사람들이 무언가를 해준 뒤, 자기가 약속한 것을 이행해야할 때가 오면 그때서야 모든 것이 속임수라는 것을 알게 됩니다. 매우 치명적인 삼중 거짓말은, 진실을 말하는 것처럼 꾸미면서 속이고 기만하는 것입니다.

거짓은 이 삼중 거짓말을 아주 능숙하게 할 줄 알았으며 그 나무의 그늘 아래에서 쉬고 있던 사람들에게 이 기술을 가르치는 데 매우 뛰어났습니다. 그 결과 사람들은 자신들이 원하는 대부분의 일을 지식으로 성취할 수 있게 되었습니다. 그리고 이 기술을 가진 사람들 중 누구도 자신이 원하는 목적을 위해 그것을 사용하지 않은 사람이 없었습니다.

어떤 사람은 나무의 아름다움을 위해 이 기술을 사용했고, 또 다른 사람은 거짓이 가르쳐준 뛰어난 기술을 위해 사용했습니다. 사람들은 나무의 그늘을 즐기고 거짓이 가르치는 것을 배우고 싶어 안달이 났습니다. 그래서 거짓은 사람들로부터 크게 존경받고 인정받으며 많은 사람들이 따랐습니다.

거짓이 그렇게 좋은 상황에 있을 동안, 불쌍한 진실은 땅속에 숨어 있었으며 아무도 그 존재에 대해 알지 못했고 관심을 가지지도 않았으며 찾아보려 하지도 않았습니다.

그제야 진실은 자신에게 거짓이 제안했던 뿌리 외에는 먹을 것이 없다는 것을 알게 되었습니다. 진실은 먹을 것이 없었기 때문에, 나무의 뿌리를 갉아먹고 자르기 시작했고 그 뿌리로 살아가야 했습니다.

거짓 나무는 매우 좋은 가지를 가지고 있었고 넓은 잎을 뻗었으며 좋은 그늘을 제공하고 아름다운 색깔의 꽃들도 피웠습니다.

하지만 열매를 맺기도 전에 뿌리가 모두 잘려나가고 말았습니다. 진실이 살아남기 위해 뿌리를 먹었기 때문입니다. 거짓이 나무 그늘 아래에 앉아 자신의 기술을 배우고 있는 모든 사람들과 함께 있을 때, 바람이 불어 나무를 강타했습니다. 뿌리가 잘려 나갔기 때문에 나무는 쉽게 뽑혀서 쓰러졌고, 나무는 거짓 위로 떨어져 큰 부상을 입혔습니다.

거짓의 기술을 배우고 있던 사람들 중 대부분은 죽거나 심하게 다치거나 큰 손해를 입었습니다. 그때 나무가 쓰러지면서 생긴 구멍을 통해 숨어 있던 진실이 나타났습니다. 진실이 지상으로 돌아왔을 때, 거짓과 거짓을 따르던 사람들은 매우 불행한 상황에 처해있었습니다. 그들이 배운 거짓의 기술은 아무 쓸모가 없었으며 그것을 사용한 만큼 큰 고통을 겪게 되었습니다.

백작님, 거짓은 많은 큰 가지를 가지고 있으며 거짓의 말과 아첨의 꽃은 사람들을 매우 유쾌하고 즐겁게 해줍니다. 매력적으로 보이는 그것은 단지 겉모습일 뿐이며 좋은 열매를 맺지 못합니다.

그러므로 백작님의 적들이 거짓의 기술과 속임수를 사용한다면 최선의 방법으로 그들로부터 자신을 지키십시오. 그들의 매력적인 태도에 시샘할 필요도 없습니다. 그들은 거짓의 기술을 사용하기 때문에 그 상태가 오래 지속되지 않을 것이며, 결국 좋지 않은 결말을 맞게 될 것입니다.

모든 것이 허사로 돌아가게 될 뿐입니다. 그들이 아주 유리한 상황에 있어 보일지라도 거짓 나무의 그늘 속에서 편안하게 있는 사람들의 상황과 같을 뿐입니다. 거짓 나무에 의지했던 사람들이 망했던 것처럼 그들도 실패할 것입니다.

진실이 비록 그 가치를 인정받지 못한다 해도, 진실에게 손을 내미시고 더 높게 평가하십시오. 그러면 백작님은 결국 좋은 결과를 얻게 될 것이며 많은 재물과 명예를 얻고 다음 세상에서 영혼의 구원을 얻게 될 것입니다.

백작은 파트로니오의 조언을 마음에 들어 했고 따랐으며, 그 결과는 매우 좋았다.

돈 후안은 다음과 같은 구절을 적었다.

거짓은 화려하다.
거짓은 웃고 떠들고 마시고
모두를 끌어 들여 파티를 연다.

그러나 진실은 나무의 뿌리처럼
땅 속에서부터 드러난다.

진실은 언제나 땅 속에서 들어 날 만 한

바로 그 때,

아무것도 가리지 않고 그대로 나타난다.

진실을 따르고, 거짓을 피하라.

거짓말쟁이는 결국 모두를 함께 멸망시킨다.

여우에게 쫓기던 수탉의 최후

어느 날, 루카노르 백작은 파트로니오에게 이렇게 말했다.

파트로니오, 알다시피 내 땅은 넓지만 모두 인접해 있지는 않
소. 요새화가 잘 되어 있는 지역도 있지만 그렇지 못한 곳도 있
소. 나의 영향력이 미치는 지역에서 꽤 멀리 떨어진 땅도 있지.
 그런데 나보다 강한 영주나 이웃과 다툴 때 내 주변 사람들과
조언자라고 자처하는 사람들이 하는 말이 있다오. 나에게 절대
먼 지역에 가지 말고 내가 확실히 통제할 수 있는 요새화된 지
역에만 있어야한다고 겁을 주고 있다네. 자네는 충성심이 있고
이런 일에 대해 잘 알고 있으니 이런 상황에서 내가 어떻게 해
야 할지 조언을 듣고 싶소.

 파트로니오가 대답했다.

루카노르 백작님, 중요한 일이나 확실하지 않은 상황에서 조언을 하는 것은 위험할 수 있습니다. 대부분의 경우 아무도 확실하게 말할 수 없기 때문입니다. 처음에는 이렇게 생각하고 나중에는 저렇게 생각하는 경우가 종종 있으며 잘못된 것으로 생각했던 것이 맞을 때도 있고 맞다고 생각한 것이 틀린 경우도 있습니다.

그래서 미래를 점칠 수 없는 일에 관해 충고할 때는 심히 괴롭습니다. 충성스럽고 선한 의도를 가진 사람이라도 조언을 요청받을 때는 큰 곤경에 처할 수도 있습니다. 왜냐하면 그의 조언이 잘 맞아떨어지더라도 당연히 해야 할 일을 했으므로 감사의 말을 들을 까닭이 없습니다.

반면에, 자칫 조언이 틀리기라도 하면 체면을 잃고 수치스러움을 감당해야 합니다. 그 화가 조언한 사람에게 미치게 되는 것이죠.

지금 백작님이 처한 상황이 매우 불확실하고 위험을 예견하고 있기 때문에 조언 드리는 것을 가능한 한 피하고 싶습니다. 하지만 백작님께서 제 조언을 필요로 하시니 드리지 않을 수 없겠습니다. 그러니 닭과 여우에게 일어났던 이야기를 들어보시길 바랍니다.

숲 속에 한 농부가 살고 있었는데 그가 기르는 것 중에는 많은 암탉과 수탉들이 있었습니다. 어느 날 수탉 하나가 집에서 떨어진 들판에서 자신 있게 걸어가고 있었습니다. 마침 여우가 들판에 나온 수탉을 보고 몰래 다가가 그를 잡으려 했습니다. 수탉은 여우를 보고 나무 위로 날아올랐습니다. 여우는 수탉이 안전한 곳으로 도망가 자리 잡은 것을 보고 매우 화가 났고 잡아먹기 위해 어떻게 할지 고민했습니다.

그는 나무로 가서 수탉에게 칭찬을 하며 평소처럼 들판에서 걸어 다니라고 회유했지만 수탉은 내려오지 않았습니다. 여우는 수법이 통하지 않자 협박하기 시작했지만 수탉은 여우의 협박에도 굴하지 않았습니다. 그러자 여우는 나무를 물어뜯기 시작했고 꼬리로 나무를 세게 쳤습니다.

그때 어리석은 수탉은 여우에 대한 두려움이 근거 없는 것이라는 것을 깨닫지 못하고 지나치게 겁을 먹었습니다. 수탉은 터무니없는 두려움에 사로잡혀 더 안전할 것 같은 다른 나무로 날아가려 했습니다. 여우는 두려움에 빠진 어리석은 수탉을 보고 뒤쫓아가며 이 나무에서 저 나무로 몰아갔습니다. 결국 두려움에 휩싸이며 공포에 질린 수탉은 더 이상 나무 위에 머물지 못하고 땅으로 내려오게 되었고 여우는 그때 수탉을 잡아먹었습니다.

백작님께서 자신의 영지로 가서 그곳에 머물러야 한다면 쓸데없는 걱정은 하지 마십시오. 그리고 헛된 협박이나 사람들이 하는 말에 겁먹지 마십시오. 오직 자신에게 해를 입힐 수 있는 것들에 주의하십시오. 항상 가장 멀리 있는 전초 기지를 방어하고 보호하기 위해 싸우십시오.

병력과 물자를 가지고 있다면 단지 요새의 방어력이 약하다는 이유만으로는 아무도 백작님을 해칠 수 없습니다. 헛된 두려움이나 불안이 가장 먼 영토를 버리게 만든다면 적들은 점점 더 많은 곳을 차지하려 할 것이고, 결국 모든 것을 빼앗길 것입니다.

백작님과 부하들이 두려움과 불안을 드러낼수록 적들은 영토를 더 빼앗으려고 할 것이며 그렇게 되면 결국 아무것도 남지 않게 될 것입니다.

그러나 처음부터 저항하면 안전할 수 있습니다. 수탉이 나무에 머물렀더라면 안전했을 것처럼 말입니다. 요새를 가진 모든 사람은 이 이야기를 알고 있다면 헛된 두려움에 휘둘리지 않을 것입니다. 또한 적들이 공격할 때 사용하려는 계책이나 함정, 공성 무기 등에 겁먹지 않을 것입니다.

그리고 요새는 사다리로 벽을 오르거나 땅굴을 파는 방법으로만 점령될 수 있습니다. 벽이 높으면 사다리가 닿지 않으며 땅굴을 파려면 많은 시간이 필요하다는 것을 아셔야 합니다. 요새는 방어하는 병사들의 이유 없는 두려움 때문에 함락되는 것입니다.

따라서 백작님과 같은 세력이 있는 사람들이나 그보다 약한 사람들은 무슨 일을 시작하기 전에 상황을 관찰하여 파악한 뒤에 신중하고 확고한 태도로 행동해야 합니다.

한 번 싸움에 나서면 담대하게 행동해야하며 근거 없는 두려움을 피해야 합니다. 위험에 처한 사람들 중에, 도망치는 이들보다 스스로 방어하는 이들이 더 안전하고 살아남을 수 있습니다.

작은 개라도 큰 사냥개에게 공격당할 때 이빨을 드러내고 당당히 맞선다면 살아남을 수 있지만 도망치면 결국 잡혀서 죽어버릴 것입니다.

패트로니오의 말을 들은 백작은 매우 만족했고

그 조언대로 행동하며 기뻐했다.

돈 후안은 다음과 같은 구절을 적었다.

쓸데없는 두려움에 굴복하지 말고,

소중한 것을 용감하게 지켜라.

오래된 다툼을 끝내야 할 때

어느 날, 루카노르 백작은 그의 조언자인 파트로니오에게 이렇게 말했다.

나는 매우 강력한 왕을 적으로 두고 있네. 우리 사이의 다툼은 오래 지속되었지만 이제 화해하는 것이 서로에게 유리하다는 것을 알게 되었네.

지금은 전쟁 중이 아니지만 여전히 서로를 의심하고 있지. 더구나 그의 측근들이 그에게 하듯, 그의 벗들도 나와의 관계를 악화시킬 구실을 찾는 데 여념이 없다며 나를 불안하게 한다네. 그대는 내 모든 문제를 알고 있고 현명한 사람이니, 이 상황에서 내가 어떻게 해야 할지 조언해 주게나.

파트로니오가 대답했다.

백작님, 이 문제는 매우 신중하게 다루셔야 합니다. 먼저, 싸움을 일으키려는 사람은 철저히 준비를 할 것입니다. 그는 백작님이 입은 피해에 공감하는 척하며 안심시키고 계속해서 백작님에게 의심을 심어주는 이야기를 합니다. 그 의심 때문에 백작님은 몇 가지 조치를 취하게 되고 이는 다툼의 시작이 될 수 있습니다.

하지만 그 누구도 백작님께 그 조치를 취하지 말라고 할 수 없습니다. 왜냐하면 누군가 백작님께 스스로를 보호하지 말라고 한다면, 그 사람은 백작님의 생명을 소중히 여기지 않는 것으로 보일 수 있기 때문입니다.

또한 누군가가 백작님께 요새를 수리하거나 지키지 말라고 한다면, 백작님의 재산을 보호할 의도가 없다는 뜻으로 비춰집니다. 백작께서 많은 친구와 부하를 거느리며 그들을 위해 너그럽게 덕을 베푸는 것을 저지하려는 자는 백작님의 명예와 영토를 수호하지 말아야 한다는 의도로 보일 수가 있습니다.

그래서 쉽사리 조취를 취하지 말라는 조언을 할 수 없습니다. 하지만 어떤 조취를 취하게 되면 백작님은 큰 위험에 처할 수 있고 심지어 스스로 파멸에 이를 수도 있습니다.

백작님께서 저의 조언을 원하시니, 선하고 정진했던 한 기사에게 일어난 이야기를 들려드리겠습니다. 성스러운 왕 페르난도(Fernando)께서 세비야를 포위했을 때, 그와 함께 있던 많은 훌륭한 남자들 중 세 명의 기사들이 세상에서 가장 뛰어난 무력을 갖추었다고 알려졌습니다. 그중 한 사람은 돈 로렌소 수아레스 가야나토(Don Lorenzo Suarez Gallinato), 두 번째는 돈 가르시아 페레스 데 바르가스(Don Garcia Perez de Vargas)였으며, 세 번째 사람의 이름은 기억이 나지 않습니다.

어느 날 이 세 기사는 서로 누가 가장 뛰어난 전사인지 논쟁을 벌였고 다른 방법으로는 결론을 내리지 못하자 그들은 갑옷을 입고 무어인지 점령하고 있는 세비야 성문까지 가기로 했습니다.

다음 날 아침, 그들은 갑옷을 입고 도시로 향했습니다. 성벽과 탑에 있던 무어인들은 그들이 단지 세 명뿐이라는 것을 보고 협상을 하러 온 줄 알고 누구도 공격하러 나오지 않았습니다. 세 기사는 해자를 건너 외벽을 지나 성문에 도착하였으며 창의 끝으로 성문을 여러 차례 쳤습니다. 그러고 나서 그들은 말의 방향을 돌려 자신의 진영으로 돌아갔습니다.

무어인들은 그들이 아무 말도 하지 않자 그들이 자신들을 조롱했다고 생각하고 뒤쫓기 시작했습니다. 성문이 열리기 전에 세 기사는 이미 멀리 달아나 있었지만, 1,500명 이상의 기병과 2만 명 이상의 보병이 그들을 추격했습니다.

세 기사가 자신들에게 가까워지는 무리들을 보고 말을 돌려 그들을 기다렸습니다. 무어인들이 가까이 다가오자 이름 불명의 세 번째 기사는 적을 공격하기 위해 앞으로 나아갔지만, 로렌소 수아레스와 가르시아 페레스는 자리를 지켰습니다. 무어인들이 더 가까이 왔을 때 가르시아 페레스는 적을 향해 나아갔지만, 로렌소 수아레스는 끝까지 자리를 지켰습니다. 그러다가 무어인들이 그를 공격하자 비로소 움직여 그들 사이로 들어가 놀라운 실력을 발휘했습니다.

왕의 군대는 이 기사들을 보고 돕기 위해 나섰습니다. 그들은 심하게 다치고 고군분투했지만 세 기사들 중 아무도 죽지 않았습니다. 그날의 전투는 기독교인과 무어인들 사이에서 매우 치열했으며 페르난도 왕도 직접 전투에 참여했고 그의 군사들도 용맹하게 싸웠습니다.

왕이 그의 천막으로 돌아갔을 때, 그는 세 기사를 체포하라고 명령하며 그들이 무모함으로 전체를 위험에 빠뜨렸기 때문에 처벌받아 마땅하다고 했습니다. 자신의 목숨을 소중하게 여기지 않았으며 왕의 명령 없이 군대를 공격하게 한 것이 죄목이었습니다. 그러나 군대의 다른 훌륭한 기사들이 그들의 선처를 왕에게 요청하자, 왕은 그들을 풀어주었습니다.

왕은 그들이 벌인 논쟁 때문에 그런 무모한 행동을 했다는 사실을 알게 되었습니다. 왕은 유능한 기사들을 불러 세 사람 중 누가 가장 뛰어난 기사인지 판단하게 했습니다. 그리고 그들 사이에서 다시 큰 논쟁이 벌어졌습니다. 어떤 사람들은 첫 번째로 적을 공격한 사람이 가장 큰 공을 세웠다고 주장했고, 또 다른 사람들은 두 번째로 나선 사람이 더 뛰어나다고 주장했으며, 또 다른 사람들은 세 번째 사람이 가장 뛰어나다고 주장했습니다. 그리고 각자 주장을 잘 펼쳤기 때문에 모두가 옳은 것처럼 보였습니다. 사실 그들의 행동은 너무나 훌륭하여 누구라도 칭찬할 만한 이유를 찾을 수 있었습니다.

논의가 끝난 후, 다음과 같은 결론이 내려졌습니다. 만약 그들을 쫓아온 무어인들이 기사들의 힘이나 지략으로 이길 수 있었다면, 첫 번째로 적을 공격한 사람이 가장 뛰어난 기사입니다. 그러나 무어인들이 너무 많아 그들을 이길 수 없었기 때문에 그가 그들을 향해 나아간 이유는 승리하기 위해서가 아니라

도망치는 수치를 피하기 위한 것이 되었습니다. 그는 자신의 두려움을 보일 수 없다는 불안감에 그들을 공격한 것이었습니다.

그리고 두 번째로 적을 공격한 사람은 첫 번째 사람보다 더 오랫동안 두려움을 참았기 때문에 더 뛰어난 것으로 여겨졌습니다. 그러나 가장 오랫동안 두려움을 견디고 무어인들이 공격할 때까지 기다린 로렌소 수아레스를 가장 훌륭한 기사로 평가했습니다.

백작님도 두려움과 불안에 시달리고 계시겠지만 이 싸움은 시작하더라도 끝낼 수 없는 싸움입니다. 이러한 두려움과 공포를 많이 견딜수록 더 강해지고 현명한 결정을 내릴 수 있을 것입니다.

저는 백작님에게 내면의 불안에 굴복하지 말라고 조언하고 싶습니다. 기다린다고 해서 아무런 피해가 오지 않으니 누군가가 먼저 공격할 때까지 기다리십시오. 그러면 아마도 백작님을 사로잡고 있는 두려움과 불안이 실제가 아니라, 사람들이 자신의 이익을 위해 하는 말 때문임을 알게 될 것입니다.

그들은 오직 악행으로 이익을 얻습니다. 또한, 당신 편에 있는 사람들이나 상대방 편에 있는 사람들 모두 전쟁도 평화도 원하지 않습니다. 그들은 전쟁을 준비할 생각도 없고 완전한 평화를 원하지도 않습니다. 그들은 죄짓는 것을 두려워하지 않고 소란을 피워 그 틈을 타 재물을 축적하려고 합니다. 백작님을 심란하게 만들어놓고는 재산을 갉아먹으려고 할 뿐입니다.

단지 그들이 원하는 것은 혼란의 시기입니다. 그들은 그저 백작님에게 손해를 입히고, 백작님의 목숨과 자산을 담보로 하여 거리낌 없이 괴롭힐 수 있는 상황을 조성하는 것입니다.

그러므로 그들이 백작님에게 반하는 행동을 하더라도 그로 인해 큰 피해를 입지는 않을 것입니다. 오히려 큰 이득이 될 수 있습니다. 첫째, 신이 백작님의 편에 있으며 이러한 상황에서 신께서 도울 것입니다. 둘째, 누구나 백작님이 올바른 일을 했다고 생각할 것입니다.

하지 말아야 할 일을 하지 않음으로써 상대가 백작님을 공격하지 않게 된다면 어떻게 될까요? 백작님께서는 평화를 유지하며 착한 사람들에게 선의를 베풀 수 있을 것입니다. 백작님께 해가 되는 일을 하면서까지 못된 자들을 기쁘게 해주는 일은 하지 마십시오.

백작은 패트로니오의 충고에 매우 만족했고,

그에 따라 행동해 많은 이익을 얻었다.

돈 후안은 다음과 같은 구절을 적었다.

타인을 불평을 받아주느라 해를 입지 말라.

고통을 오래 견디는 자가 결국 승리한다.

진짜 속내를 감춘 여우

 어느 날 루카노르 백작은 그의 조언자 파트로니오와 대화를 나누며 말했다.

 친구 중에 한 사람이 나를 크게 칭찬하며 큰 영향력을 갖고 있으며 덕이 많고 사람들에게 존경받는 사람이라고 칭송했소. 그러면서 한 가지 부탁을 했는데 언뜻 보면 그 부탁을 들어주는 게 나한테 좋은 일일 것 같소.

 백작은 파트로니오에게 부탁의 내용을 설명했다. 비록 그 부탁이 백작에게 유리해 보였지만 파트로니오는 그 속에 숨겨진 속임수를 간파했다. 그는 백작에게 말했다.

 그 사람은 백작님의 권력과 지위가 실제보다 더 크다고 믿게 만들어 속이려는 것 같습니다. 백작님을 곤란하게 할 속임수를 피하려면 까마귀와 여우에게 일어난 이야기를 한 번 들어보시길 권합니다.

파트로니오가 말했다.

어느 날 까마귀가 큰 치즈 조각을 발견하고는 방해받지 않으면서 천천히 먹기 위해 나무 위로 올라갔습니다. 그때 여우가 나무 아래를 지나다가 까마귀가 치즈를 물고 있는 것을 보고 그것을 훔칠 계획을 세웠습니다. 이렇게 말하기 시작했습니다.

"까마귀님, 오래전부터 당신의 고귀함과 존엄성에 대해 들어왔습니다. 오랫동안 당신을 찾아다녔지만 이제야 신의 뜻으로 우리가 만났군요.

이렇게 직접 뵈니 소문보다 더 훌륭하신 분이군요. 제가 하는 말이 단지 아부가 아니고 당신이 얼마나 훌륭한지 증명하기 위해 몇 가지를 말씀드리겠습니다.

모두 알다시피, 당신의 깃털, 눈, 부리, 발톱은 모두 검은색입니다. 검은색은 다른 색만큼 보기 좋지 않다고 하여 사람들이 당신의 검은 깃털 때문에 당신의 우아함이 떨어진다고 말하곤 합니다. 하지만 그들은 잘못 알고 있습니다. 당신의 깃털은 검지만 그 검고 빛나는 색은 세상에서 가장 아름다운 새인 공작의 검은 깃털과도 같지 않습니까?

그리고 당신의 눈은 비록 검지만 검은 눈은 시력이 좋다는 것을 말해줍니다. 백조의 눈이 가장 아름답다고 하는데 그 이유가 백조의 눈이 세상에서 가장 검기 때문입니다. 또한 당신의 부리와 발톱은 당신과 같은 크기의 새 중에서 가장 강력합니다.
그리고 당신은 바람이 아무리 세게 불어도 날아갈 수 있을 만큼 빠르죠. 다른 새들은 당신만큼 날 수 없습니다. 그러니 당신이 다른 새들보다 노래를 못 할 리 없다고 생각합니다. 제가 당신을 뵙게 된 것은 정말 큰 행운입니다. 만약 당신의 노래를 들을 수 있다면 저는 정말로 복을 받은 사람일 것입니다."

여우의 의도는 까마귀를 속이려는 것이었습니다. 까마귀는 그 말을 진실로 믿었고 그럴듯한 말을 진실처럼 꾸미는 속임수를 쓴다는 것을 놓쳤습니다. 여우의 칭찬을 계속 듣다 보니 까마귀는 자신이 그 모든 찬사를 받을 자격이 있다고 믿었습니다. 여우가 자신을 칭찬하는 것은 치즈를 빼앗기 위한 속임수라고는 생각도 못 했습니다.

결국 많은 칭찬에 감동한 까마귀는 노래하려고 부리를 열었고 치즈가 땅에 떨어졌습니다. 여우는 그 치즈를 집어 얼른 달아났습니다. 까마귀는 자신의 실제 능력보다 더 대단하다고 믿다가 속임수를 당한 것입니다.

　누군가가 백작님을 속여 당신이 실제보다 더 강하고 위대한 사람이라고 믿게 하려 한다면 그가 당신을 속이려 한다는 사실을 알아차리셔야 합니다. 그를 경계하고 조심하셔야 합니다.

파트로니오의 말을 듣고 루카노르 백작은 매우 했고
그 조언에 따라 행동하여 이익을 얻었다.

돈 후안은 이 이야기가 훌륭한 교훈을 준다고 생각하여
다음의 구절을 썼다.

네게 없는 미덕을 칭찬하는 자는,
너의 가진 것을 탐하고 가지려는 자다.

위선적인 여자가 제일 위험한 이유

루카노르 백작은 자신의 조언자 파트로니오에게 이렇게 말했다.

내가 여러 사람들과 '어떤 부류의 사람들이 세상에 가장 많은 해를 끼칠 수 있는가?'에 대해 토론을 해봤소. '말썽을 피우는 자'를 언급한 사람이 있고 '음모를 꾸미는 자'를 말하는 사람도 있었소.

다른 이는 '불평불만을 가진 자'가 해를 끼칠 수 있다고 말했고 '중상모략을 하고 거짓 증언을 하는 자'가 가장 많은 해를 끼칠 수 있는 방법이라고 주장했다오.

하지만 어떤 잘못이 큰 해악을 미치는 가에 대한 결론이 나지 않았소. 그래서 이제 지혜가 깊은 그대에게 물어보고 싶소. 이 중 어떤 악행이 사람들에게 가장 큰 해악을 끼치는지 알려주시오.

파트로니오는 백작의 이야기를 끝까지 경청한 뒤, 지독한 위선자 여자에 대한 이야기를 들려주었다.

백작님, 어느 마을에 아주 선량한 젊은 부부가 있었습니다. 그 남자와 아내는 아무런 갈등 없이 행복하게 잘 지내고 있었습니다. 그들 사이에 어떠한 불화도 없었는데 악마는 이런 모습이 싫었습니다. 그 때문에 이들의 행복에 불만을 품었고 오랜 시간 동안 그들 사이에 불화를 일으키려 했지만 번번이 실패했습니다.

어느 날, 그 악마가 실망하며 돌아가던 길에 위선적인 여자를 만났습니다. 그들이 서로 인사를 나눈 후, 여자는 악마에게 왜 그렇게 슬퍼하는지 물었습니다. 악마는 선량한 부부 사이에 불화를 일으키려 했지만 아무런 소득이 없었다고 말했습니다. 이 일에 많은 시간을 들였음에도 불구하고 성공하지 못했기 때문에 지옥으로 돌아가면 대장이 자신에게 낮은 평가를 줄 것이기에 슬프다고 했습니다.

그러자 그 사악한 여자는 많은 것을 아는 악마임에도 불구하고 아무것도 이루지 못한 것에 놀랐다고 말하며, 자신의 조언을 따른다면 그 목적을 이루게 될 것이라고 했습니다. 악마는 만약 그녀의 말대로 해서 부부 사이에 불화를 일으킬 수 있다면 무엇이든 할 수 있다고 했습니다. 그리하여 이 둘은 협력하게 되었습니다.

사악한 여자는 부부의 집에 계속 방문하여 젊은 여자의 신뢰를 얻었습니다. 과거에 그녀의 어머니에게 큰 도움을 받았으며 그녀에 대한 감사의 마음 때문에 그 어떤 일이라도 도와주고 싶다고 했습니다. 젊은 아내는 사악한 여자의 말을 믿고 집에 받아들였습니다. 그 여자가 그들과 오래 살면서 남편과 아내 모두 완전히 신뢰를 하게 되었습니다. 어느 날 그녀는 슬픈 얼굴로 젊은 아내에게 다가와 말했습니다.

"방금 전에 들었던 말 때문에 정말 마음이 아프네요.
글쎄 부군께서 다른 여자를 사랑한다지 뭐예요. 부인의 남편이 당신 외에는 그 어떤 여자에게도 관심을 두지 않았기 때문에 그를 존경했다는 것을 잘 알고 있습니다. 그러니 당신에게는 이번 일보다 더 괴로운 일은 없겠지요."

착한 여인은 이 말을 모두 믿지는 않았지만 몹시 괴롭고 슬펐습니다. 부인의 슬퍼하는 모습을 본 사악한 여자는 남편을 만나기 위해 밖으로 나갔습니다. 사악한 여자는 남편에게 다음과 같이 말했습니다.

"부인께서 저에게 말했습니다. 부군께서 부인을 사랑하지 않기 때문에 부군보다 자기를 더 사랑해주는 남자를 찾겠다고 말입니다."

그리고 남자에게 '이 사실을 부인에게 말하게 되면 부인이 자기를 죽일 것'이라며 부인에게는 아무 말도 하지 말아달라고 부탁했습니다. 남편은 이 말을 믿지 않았음에도 불구하고 큰 고통을 느끼며 슬퍼했습니다. 비탄에 잠긴 남편을 보고난 후, 사악한 여자는 부인에게 와서 다음과 같이 말했습니다.

"부인, 어떤 불행이 우리에게 일어날지 모르겠지만 분명한 것은 당신 남편이 점차 당신에게서 멀어지고 있다는 거예요. 이제 당신 남편이 전에 없이 슬프고 화난 얼굴로 집에 오는 것을 보면 알 수 있을 거예요."

이렇게 말하고는 그녀의 남편에게 가서 똑같은 말을 했습니다. 남편이 집에 돌아와서 부인의 슬픈 얼굴을 보자. 전과 같이 함께 있는 기쁨을 느낄 수가 없었고 둘은 모두 깊은 슬픔에 빠지게 되었습니다.

남편이 밖에 나가자, 여자는 부인에게 남편의 나쁜 버릇과 화를 없애는 마법을 알고 있는 마법사를 소개시켜 준다고 슬쩍 떠보았다. 부인은 어떤 값을 치르더라도 예전의 남편을 되찾고 싶었습니다. 그 때문에 사악한 여자의 말에 희망을 갖게 되어 매우 기쁘고 고마웠습니다.

마침내 사악한 여자는 많은 것을 알고 있는 마법사를 만나 보았다며 남편의 목덜미 부분의 머리카락 한 줌이 있으면 그의 분노와 화를 없앨 수 있을 뿐 아니라 예전의 행복을 되찾을 수 있을 거라고 했습니다.

이제 여자는 남편에게 가서 부인이 새 애인과 함께 도망치기 위해 그를 죽이려는 음모를 꾸미고 있다고 말했습니다. 마치 그의 죽음을 걱정해주는 것처럼 말했습니다.

"부군께서 집에 돌아가면 부인은 자신의 무릎에 베로 잠을 자라고 청할 거예요. 그리고 당신이 잠들게 되면, 숨겨놓았던 칼을 꺼내서 목을 벨 거예요."

남편은 이 말을 듣고 경악을 금치 못했습니다. 전에는 우려하는 정도였지만 이제 너무 고통스러워서 여자의 말이 사실인지 확인해야겠다고 마음먹었습니다. 집에 돌아가자 부인은 그를 어느 때보다 반갑게 맞이하며 하루 종일 일만 했으니 이제 자기 무릎에 베고 잠들라고 말했습니다.

남편은 이 말을 듣고 여자의 말이 사실이라고 생각했습니다. 아내가 평소에 하지 않는 행동을 계속 했기 때문이죠. 하지만 아내가 정말로 무엇을 할지 확실히 알기 위해 그녀의 무릎에 머리를 대고 잠든 척했습니다. 아내는 그가 잠든 것 같다고 생각하자 사악한 여자가 시킨 대로 면도칼을 꺼내 그의 머리카락을 자르려고 했습니다. 남편은 아내의 손에 면도칼이 그의 목 가까이까지 다가오는 걸 보고 이제는 정말 여자의 말이 사실이라고 믿게 되었습니다. 남편은 아내의 손에서 면도칼을 빼앗아 그녀의 목을 그어버렸습니다.

울음과 비명 소리에 놀란 부인의 부모와 형제들이 달려왔습니다. 그들은 부인의 목이 잘린 것을 발견하고 그녀에게 아무 잘못도 없다고 믿었기 때문에 남자도 죽였습니다.

소동이 커지자 남자의 친척들이 달려와 남자가 죽은 것을 알았고 그를 죽인 자들을 모조리 살육했습니다. 그래서 이 사건은 결국 마을의 많은 주민들까지 서로 죽이고 죽는 대 참사로 이어졌습니다.

이 모든 일은 사악한 여자의 거짓말과 위선, 중상모략에 따른 것입니다. 그러나 모든 문제가 그 사악한 여자에게서 비롯됐다는 사실이 밝혀졌습니다. 이 위선적인 여자는 재판을 받아 끔찍한 방식으로 처형되었습니다.

백작님, 사람들에게 가장 큰 해를 끼치는 가장 악한 자가 누구인지 알고 싶다면 겉으로는 선하고 성실한 사람처럼 보이도록 위장했지만 실제로는 거짓된 삶을 사는 사람입니다. 그 사람은 사람들 사이에 불화를 조성하는 자임을 알아야 합니다.

그래서 저는 백작님께 항상 위선적인 자들을 조심하시라고 충고를 드리겠습니다. 왜냐하면 그런 자들 대부분 사악하며 거짓을 마음 속 깊이 감추고 있기 때문입니다. 그리고 그런 사람들을 실제로 만나게 되면 '그들의 열매로 그들을 알리라'는 가르침을 따르십시오.

이 말은 '그가 행한 일들로 그가 누구인지 알 수 있다'는 뜻입니다. 분명히 말하건대, 어떤 사람도 마음속에 품은 악한 뜻을 오랫동안 숨길 수 없다는 것을 알기바랍니다. 그들은 잠시 동안 그것을 숨길 수는 있지만 영원히 숨길 수는 없습니다.

백작은 파트로니오의 말이 진실임을 믿었고,
그의 충고를 따르기로 결심했으며 기도했다.

그리고 돈 후안은 책에 다음과 같이 기록하였다.

행동을 보라.
말을 듣고 사람을 믿지 말라.

행동은 그 마음에 있는 것들이
나오는 통로이며

그 행동으로 그 자신의
됨됨이를 버젓이 드러낸다.

사람의 겉모습에 눈을 감으라
그저, 행동을 보고 판단하라.

최악의 아내와 최상의 아내

루카노르 백작이 어느 날 그의 조언자인 파트로니오와 이야기를 나누며 이렇게 말했다.

파트로니오, 나의 두 형제가 결혼을 했는데 그 둘은 완전히 상반된 방식으로 살고 있네. 한 명은 그의 아내를 너무 좋아해서 하루라도 떨어져 있기 힘들어하고 아내가 원하는 것 외에는 아무것도 하지 않는다오. 심지어 아내의 허락 없이는 아무 결정을 내리지 않네.

반면에 다른 형제는 아내와 함께 살고 싶어 하지 않네. 그녀가 있는 집에 가도록 설득했지만 완강히 거부하고 있네. 이 상황이 나를 매우 슬프게 하고 있다네. 자네에게 이 문제를 어떻게 바로잡을 수 있을지 조언을 부탁하네.

백작의 말을 듣고 상황을 파악한 파트로니오는 도움이 되는 이야기를 들려주었다.

백작님의 말씀을 들어보니 두 형제 모두 잘못된 행동을 하고 있는 것 같습니다. 한 형제는 지나치게 아내에게 집착하고 있고 다른 형제는 아내에게 무관심을 보이고 있지요. 그러나 이 문제는 어쩌면 그들의 아내의 탓일 수도 있습니다. 그러니 제가 황제 파드리케(Emperor Fadrique)와 돈 알바르파네스(Don Alvarfanez) 그리고 그들의 아내들에게 일어난 이야기를 들려드리겠습니다.

한 번에 두 가지 이야기를 동시에 들려드릴 수는 없으니 먼저 황제 파드리케에게 일어난 일을 들려드린 후, 돈 알바르파네스에게 일어난 일을 들려드리겠습니다.

황제 파드리케는 매우 높은 신분의 귀족 여인과 결혼을 했습니다. 하지만 그들의 결혼 생활은 순탄치 못했습니다. 황제는 결혼 전에 그녀의 포악한 성격을 제대로 파악하지 못했으며 결혼 후에 나쁜 습관이 점차 드러나기 시작했습니다. 부인의 겉모습은 매우 훌륭하고 품위 있는 여인이었으나 그 속은 달랐습니다. 매우 잔혹하고 고집 세며 성격이 까다로운 여자였던 것입니다.

그래서 황제가 식사를 하고 싶어 하면 그녀는 금식하고 싶어 했고 잠을 자고 싶어 하면 그녀는 일어나고 싶어 했습니다. 황제가 좋아하는 것이 있으면 그녀는 싫어했고 무엇을 하든 항상 반대했습니다. 더 이상 무슨 말을 하겠습니까?

황제는 한동안 이런 상황을 견뎌왔지만 친절한 태도로 간청을 하거나 엄격한 태도로 위협을 해도 그녀를 바꿀 방법이 없음을 깨달았습니다. 황제는 자신의 고통스러운 삶이 자신에게뿐 아니라 나라와 백성들에게 해가 된다는 것을 알았습니다. 왜냐하면 부인의 비위를 맞추기 위해 행동하려면 어떤 합리적인 생각도 불가능했기 때문이었죠.

결국 그는 교황을 찾아가 자신의 문제를 털어놓고 이혼을 허락해줄 것을 요청했습니다. 황후의 나쁜 성격 때문에 정상적인 결혼 생활이 불가능하며 그로 인해 나라와 백성이 피해를 입고 있다고 이야기했습니다.

그러나 카톨릭의 법에 따르면 그들은 헤어질 수 없었고 그녀의 악행에도 불구하고 함께 살 수밖에 없었습니다. 교황도 황제의 고충을 이해하고 공감했지만 이혼을 허락해줄 수 없었습니다.

황제는 교황과 헤어진 후 집으로 돌아가, 부인을 회유하고 설득하며 위협하는 등 온갖 방법을 시도하며 그녀의 성격을 고치려 했습니다. 그와 그의 주변 사람들이 생각할 수 있는 모든 방법을 동원했으나 그녀는 결코 변하지 않았습니다. 무슨 말을 해도 그녀는 바뀌지 않았으며 악행은 나날이 더 고약해졌습니다. 황제가 이 문제가 해결될 방법이 없음을 깨달았을 때, 어느 날 그녀에게 말했습니다.

  "나는 사슴 사냥을 갈 것이오. 그곳에서 사슴을 죽이기 위해 쓰는 독초를 조금 가져가고, 나머지는 다음 사냥을 위해 남겨둘 것이오. 하지만 그 독초를 함부로 쓰면 큰일 나오. 상처가 있는 곳이나 피가 나는 곳에 바르지 않도록 조심하시오. 그 약초는 매우 치명적이므로 닿기만 해도 어떤 생명체든 목숨을 잃게 될 것이오."

  그리고 황제는 상처에 매우 유용한 다른 연고를 가져와 상처가 난 여러 곳에 발랐습니다. 며칠 후 황후와 모든 시종들은 그가 치료된 것을 보았습니다. 황제는 그녀에게 만약 상처가 나면 자신이 사용한 효과 좋은 연고를 바르라고 말했습니다. 주위에 있던 신하들은 모두 그 약효가 얼마나 금방 나타나는지 알게 되었죠. 그리고 나서 황제는 사슴을 잡기 위한 독초를 가지고 사냥을 떠났습니다.

황제가 떠나자, 황후는 화가 나서 소리를 지르며 말했습니다.

"저 사기꾼 황제가 나에게 한 말을 들었습니까? 그는 나의 피부병이 자신의 것과 다르다는 것을 알고 있기 때문에, 내가 아무 효과가 없는 연고를 사용하게 하려 했소. 하지만 나를 낫게 할 연고는 나에게 절대 쓰지 말라고 했소. 그를 더 화나게 하려면 내가 그 연고를 써야겠군요.

그가 돌아오면 내가 나은 모습을 보고 얼마나 화를 낼지 알 것 같습니다. 그게 그를 가장 고통스럽게 할 방법이지요. 그래서 난 이 독초를 사용할 거요."

함께 있던 신하들은 황후에게 그만두라고 말하며 그것을 바르면 바로 죽을 것이니 하지 말라고 간청했습니다. 하지만 황후는 그 말을 듣지 않았습니다. 그녀는 그 약초를 가져와 자신의 상처에 발랐고 곧 죽음이 덮쳤습니다. 그녀는 후회했지만 이미 너무 늦었습니다. 그 약초로 인해 죽고 말았습니다. 그녀의 고집스러운 성격이 결국 자신의 파멸을 초래한 것입니다.

하나의 이야기가 끝나자 루카노르 백작이 다음 이야기가 무엇인지 물었으며 파트로니오가 대답했다.

백작님, 알바르파녜스(Don Alvarfiiiez)에게는 전혀 반대되는 일이 일어났습니다. 그는 훌륭하고 명예롭게 살아가는 사람이었으며 이스카르에 정착해 살고 있었습니다. 한편, 페로 안스케레스(Don Pero Anscrez) 백작은 쿠엘라르에 정착하여 살고 있었습니다.

페로 안스케레스 백작은 그에 대해 호감이 있었고 돈 알바르파녜스는 어느 날 아무런 의심 없이 그의 집에 들어갔습니다. 함께 식사를 마친 후, 백작이 그에게 예고 없이 방문한 이유를 물었습니다.

그러자 알바르파녜스는 백작의 세 딸 중 한 명과 결혼하고 싶어서 왔다고 하며 세 딸 모두를 만나보고 대화를 나눈 후에 선택을 하고싶다고 말했습니다. 백작은 알바르파녜스가 훌륭한 청년이라는 사실을 알고 있었기에 그의 요구대로 하겠다고 기꺼이 응했습니다.

알바르파녜스는 백작의 딸에게 자신에 대해 몇 가지 말해주고 싶었습니다. 그는 먼저 맏딸과 만나서 다음과 같이 말했습니다.

"나는 당신과 결혼하길 원합니다. 하지만 당신에게 먼저 고백할 것이 있습니다. 우선 저는 겉으로 보이는 것처럼 그렇게 젊지 않습니다. 전쟁에서 부상을 많이 당했기 때문에 몸이 약해졌습니다.

또한 술에 취하면 이성을 잃어 자신이 무슨 말을 하는지도 모르고 사람들을 때리기도 하며 정신을 차리고 나면 매우 후회합니다. 심지어 침대에서조차 아내에게 불쾌한 일을 할 수 있습니다. 이런 버릇 때문에 보통 여자들은 나와 결혼하길 꺼려하지요."

그는 이와 유사한 다른 이야기를 했고 결혼하지 말아야 한다고 생각할 수 있는 이유들을 나열했습니다. 그러자 백작의 맏딸은 결혼은 자신이 결정할 문제가 아니라 부모님의 결정에 따르겠다고 말하고 자리를 떠났습니다.

그녀는 곧 부모님에게 가서 알바르파녜스가 한 말을 전했습니다. 그리고 부모님이 결혼 의사를 물었을 때, 그녀는 알바르파녜스와 결혼하는 것보다는 차라리 죽는 게 낫겠다고 말했습니다. 백작은 이 사실을 알바르파녜스에게 그대로 말할 수 없었기에 딸이 결혼하고 싶어 하지 않다고만 전했습니다. 다음으로 알바르파녜스는 둘째 딸에게도 맏딸에게 한 말과 같은 말을 했습니다. 둘째 딸의 반응 역시 맏딸과 다를 바가 없었습니다.

마지막으로, 똑같은 이야기를 들은 막내딸은 이렇게 말했습니다.

"당신 같은 분이 제게 청혼을 하다니 진심으로 감사드립니다. 그리고 당신이 말씀하신 그 술버릇은 제게 맡기세요. 제가 모든 일을 아라서 처리할 테니까요. 그리고 당신 나이 또한 결혼생활을 하는데 장애가 되지 않을 거예요. 그런 결혼생활로부터 얻는 좋은 것들도 많을 테니까 말이죠.

그 외에 다른 일들은 걱정하지 마세요. 저는 당신을 화나게 하지 않을 것이며 설사 당신이 화를 낸다 해도 한마디 불평 없이 참을 수 있으니까요."

알바르파네스가 말한 모든 것에 대해 막내딸은 너무나도 훌륭한 대답을 했기에, 알바르파네스는 매우 기뻐하며 이해심 많은 여자를 만나게 해준 것에 대해 하늘에 감사했습니다. 그는 페로 안스케레스 백작에게 막내딸과 결혼하고 싶다고 말했습니다. 백작은 기뻐하며 즉시 결혼식을 준비했습니다. 결혼 후 그는 아내와 행복하게 살았습니다. 그 여인의 이름은 도냐 바스쿠냐나(Dona Vascunana)였습니다.

돈 알바르파녜스는 아내를 집으로 데려간 후, 그녀가 너무 훌륭하고 현명하여 자신은 행복한 결혼 생활을 하고 있다고 느꼈고, 그녀가 원하는 모든 것을 하는 것이 마땅하다고 생각했습니다. 그는 두 가지 이유로 그녀의 모든 요구를 들어주었습니다.

첫째, 그녀는 알바르파녜스를 깊이 사랑하며 그의 지혜를 매우 감사하게 여겼으며 그녀가 말하거나 하는 모든 일은 늘 최선의 것이었기 때문입니다.

둘째, 그녀가 그의 모든 말을 지지했으며 그가 좋아하는 것에 대해 결코 반대하지 않았기 때문입니다. 그녀가 이렇게 하는 이유는 아첨하거나, 그에게 환심을 사려는 것이 아니었으며 속이기 위해서도 아니었습니다.

그녀는 알바르파녜스가 하는 모든 것을 진심으로 좋아했으며 그가 어떤 일도 실수하지 않을 것이라 믿었기 때문에 진정으로 사랑했습니다. 그의 행동이나 말은 그 어느 누구도 더 나은 결정을 내릴 수 없었으며 그가 늘 최고의 선택을 했다고 생각했습니다.

이러한 이유로 돈 알바르파녜스는 그녀를 깊이 사랑했고 그녀의 모든 요구를 따르는 것이 마땅하다고 여겼습니다. 왜냐하면 그녀는 항상 그를 사랑하는 바탕 위에서 그의 명예와 이익을 위해 충고해 주었기 때문입니다. 그녀는 알바르파녜스가 하는 모든 일이 최선의 것이라고 믿었으며 그의 명예와 이익에 부합하지 않는 일이 있다고는 생각조차 하지 않았습니다.

한 번은 알바르파녜스가 집에 있을 때 왕궁에서 살던 그의 조카가 방문했습니다. 알바르파녜스는 그를 매우 기뻐하며 맞이했습니다. 며칠이 지난 후, 조카가 그에게 "삼촌은 훌륭한 분이고 많은 업적을 이루셨지만 단 하나의 흠이 있습니다."라고 말했다.

알바르파녜스는 그게 무엇인지 물었고 조카는 그가 아내를 지나치게 챙기고 그녀가 전적으로 재산을 관리도록 한 것이 불합리하다고 말했습니다. 그러자 알바르파녜스는 며칠 내에 대답을 주겠다고 말했습니다. 그리고 얼마 후, 알바르파녜스는 아내에게 아무 이야기도 하지 않은 채 조카를 데리고 집을 떠났습니다. 얼마 후 사람을 보내 아내가 자신을 뒤따라 올 수 있도록 했습니다.

어느 정도 길을 가다가 알바르파녜스와 그의 조카는 큰 소 떼와 마주쳤습니다. 알바르파녜스는 말했습니다. "조카야, 이 나라의 아름다운 말들을 보아라."

조카는 이 말을 듣고 크게 놀랐습니다. 삼촌이 농담하는 줄 알았고 그는 말이 아니라 소라고 대답했습니다. 그러자 알바르파녜스는 크게 놀라는 척하며 조카가 제정신이 아니라고 말했습니다. 그가 보기에는 이 소들이 분명히 말이라고 했기 때문입니다. 조카는 알바르파녜스가 진지하게 그렇게 말하자 두려워하며 알바르파녜스가 제정신이 아니라고 생각했습니다.

알바르파녜스는 계속해서 자기 의견을 고집했고 그때 바스쿠냐나가 길에 나타났습니다. 알바르파녜스는 그녀를 보며 조카에게 말했습니다.

"조카야, 이제 내 아내가 와서 우리의 논쟁을 해결해 줄 거다."
도냐 바스쿠냐나가 다가오자, 조카가 그녀에게 말했습니다.

"삼촌과 저는 말다툼을 하고 있습니다. 삼촌은 소들이 말이라고 주장하고, 저는 소라고 주장하고 있습니다. 서로 자신의 주장을 고수하고 있습니다. 삼촌은 제가 미쳤다고 생각하고 저는 삼촌이 제정신이 아니라고 생각합니다. 그러니 제발 이 논쟁을 해결해 주십시오."
바스쿠냐나는 이들이 분명히 소라는 것을 알고 있었지만 자신의 남편이 이들이 암말이라고 주장했다고 말하자, 그녀는 조카가 잘못 인식했다고 진심으로 믿었습니다. 알바르파녜스가 그런 실수를 할 리 없으며 그가 말이라고 했으니 분명 말이지 소일리는 없다고 생각했습니다. 그래서 그녀는 조카와 그 자리에 있던 사람들에게 말했습니다.

"조카야, 네가 이렇게 말하는 것은 매우 유감스럽다. 신께서 아시겠지만 네가 오랫동안 왕궁에서 지내며 지혜를 지키기를 바란다. 네가 이 말들이 소라고 주장하는 것은 이해력이 부족하다는 증거일 뿐이다."

그녀는 그 말들이 소가 아니라 말임을 증명하기 위해 색깔, 외모 등 많은 이유를 들어 설명했습니다. 그녀는 알바르파녜스의 이성이나 말이 틀릴 수 없다는 것을 확신하며 그가 옳다고 굳게 믿었습니다. 그녀의 말에 조카와 다른 사람들은 자신들이 틀렸을지도 모른다고 의심하기 시작했고 알바르파녜스가 진실을 말하고 있으며, 그들이 소라고 생각했던 것들이 실제로는 말일 수 있다고 생각하게 되었습니다.

그 후 알바르파녜스와 조카는 앞으로 더 나아갔고 이번에는 진짜 말 떼와 마주쳤습니다. 그러자 알바르파녜스가 조카에게 말했습니다. "자, 조카야, 여기 진짜 소들이 있다. 내가 앞서 본 것들은 말이라고 하지 않았느냐?"

조카는 그 말을 듣고 삼촌에게 말했습니다. "신의 이름을 걸고 말하건대, 삼촌이 맞다면 악마가 나를 이 나라로 끌고 온 게 분명합니다. 이들이 정말 소라면 나는 미친 게 분명합니다. 왜 냐하면 이들은 말이 틀림없기 때문입니다."

알바르파녜스는 계속해서 매우 강력하게 소라고 주장했고 그 논쟁은 바스쿠냐나가 도착할 때까지 계속되었습니다. 그녀 가 다가오자, 사람들은 그녀에게 알바르파녜스의 주장과 조카 의 주장을 말해 주었습니다.

바스쿠냐나는 조카가 옳다고 생각했지만 알바르파녜스가 틀 릴 수 없다는 믿음 내비쳤습니다. 그가 말한 것이 사실임을 증 명하기 위한 이유를 찾기 시작했습니다. 바스쿠냐나는 조카와 다른 모든 사람들에게 알바르파녜스가 옳고, 그들의 판단과 시 각이 잘못되었다고 믿도록 만드는 충분히 타당한 이유들을 내 놓았습니다. 그래서 결국 모두가 알바르파녜스의 말을 진실로 받아들였습니다.

이후 그들은 강가에 도착했고 그곳에는 여러 풍차가 있었습니다. 그들의 동물들이 강에서 물을 마시는 동안, 알바르파녜스는 그 강물이 원래 흐르던 방향과 반대로, 하류에서 상류로 흐른다고 말하기 시작했습니다.

조카는 처음에 말과 소에 대한 문제에서 자신이 틀린 것을 떠올리면서 이번에도 자신이 틀릴 수도 있다는 생각을 했습니다. 하지만 자신의 상식으로는 강물이 아래에서 위로 흐르는 것은 거짓이기 때문에 삼촌의 생각이 틀린 것이라고 여겼습니다. 그들은 각자의 주장을 고수했으며 바스쿠냐나가 도착하자, 알바르파녜스와 조카가 하고 있던 논쟁을 설명했습니다.

바스쿠냐나는 조카가 옳다고 생각했지만 자신의 판단을 믿지 않고 알바르파녜스의 말을 진리로 받아들였습니다. 그녀는 여러 가지 이유를 들어 알바르파녜스의 말이 맞다는 것을 증명했습니다. 결국 조카와 그 자리에 있던 모든 사람들은 그녀의 논리를 믿고 그 강물이 정말 하류에서 상류로 흐르고 있다고 믿게 되었습니다.

그리하여 오늘날까지 '남편이 강이 거꾸로 흐른다고 말하면, 현명한 아내는 그 말을 믿고 그렇게 말해야 한다'는 속담이 생겼습니다.

알바르파녜스의 조카는 바스쿠냐나가 모든 논쟁에서 삼촌이 옳고 자신은 사물을 제대로 인식하지 못한다는 사실에 정신적으로 충격을 받고 혼란에 빠졌습니다. 길을 계속 가다가 알바르파녜스는 조카가 슬퍼하고 크게 괴로워하는 것을 보았습니다. 그는 조카에게 이렇게 말했습니다.

"이제 내가 며칠 전 네가 내게 물었던 질문에 대한 답을 주겠다. 내가 아내에게 너무 많은 것을 해준다고 비난하는 것이 너의 불만이었다고 했다. 오늘 네가 나와 겪은 모든 일들은 그녀가 어떤 사람인지 보여주기 위한 것이었다. 내가 그녀에게 해주는 모든 것은 마땅히 해야 할 일이다.

네가 본 첫 번째 소들이 말이 아니라는 것을 나도 알았다. 내가 말이라고 말했을 때, 바스쿠냐나가 네 말을 듣고 그들이 소라는 사실을 분명히 알았을 거라고 확신한다. 하지만 그녀는 내 판단을 신뢰하기 때문에 내가 실수를 할 리 없다고 생각했다.

그래서 그녀는 네가 틀렸고 자신도 틀렸다고 믿었다. 그 결과 그녀는 너와 그 자리에 있던 모든 사람들이 내 말이 옳다고 믿도록 아주 훌륭한 논거를 내놓았다. 그녀는 말과 강물에 대해서도 마찬가지의 태도로 답했던 것이다.

나는 결혼한 이후로 한 번도 그녀가 내가 원하는 것 이외의 것을 원하거나 즐거워하는 것을 본 적이 없다. 내가 한 어떤 일에도 그녀는 화를 내지 않는다. 그녀는 항상 내가 하는 모든 것이 최선이라고 생각한다.

그녀는 내가 추천하는 일에 대해 잘 알고 있으며 그것을 나에게 유리하고 명예롭게 처리한다. 그녀는 항상 내 명예와 내 의지가 충족되어야 한다는 것을 알리고자 한다. 그녀는 자신을 위한 어떤 이득이나 명성을 원하지 않으며 오직 나에게 유리하고 내가 즐거워하는 것만을 원한다.

내가 그녀를 진심으로 사랑하고 그녀의 충고를 따르는 것은 당연한 일이다. 또한 그녀와 결혼하게 된 것은 그녀의 고귀한 가문을 고려했을 때에도 아주 좋은 결혼이었다고 생각한다. 조카야, 이것이 네가 말했던 단점에 대한 답이다."

알바르파녜스의 조카는 이 논리를 듣고 매우 만족했습니다. 바스쿠냐나가 이렇게 지혜롭고 선의가 넘치는 여성이니 삼촌이 그녀를 사랑하고 신뢰하며, 그녀를 위해 많은 것을 해주는 것이 적절하다고 생각하게 되었습니다. 심지어 더 많은 것을 해주는 것이 적합하다고도 여겼습니다.

이처럼 황제의 아내와 돈 알바르파녜스의 아내는 완전히 대조적인 존재였습니다. 백작님의 두 형제의 경우, 하나는 아내가 원하는 모든 것을 다 해주고 다른 하나는 반대로 아무것도 하지 않는다면 그 이유는 무엇일까요?

그들의 아내가 황후와 바스쿠냐나처럼 서로 다른 성격을 가졌기 때문일 수도 있습니다. 만약 그런 경우라면 형제들의 행동에 대해 놀라거나 그들을 비난할 필요는 없습니다.

하지만 그들의 아내가 제가 말한 두 아내처럼 그렇게 훌륭하거나 나쁘지 않다면 분명히 형제들이 잘못된 것입니다. 아무리 좋은 일이라도 아내에게 많은 것을 해주는 것은 적절한 범위 내에서 이뤄져야 합니다. 만약 한 남자가 아내에 대한 사랑으로 지나치게 함께 있고 싶어 하여 가야 할 곳에 가지 않거나 해야 할 일을 하지 않으면 그것은 잘못된 행동입니다.

아내를 기쁘게 하거나 그녀의 바람을 충족시키기 위해 자신의 명예나 자산을 소홀히 한다면 현명하지 못한 것입니다. 이러한 일에 관해 모든 명예와 선의, 그리고 남편이 아내에게 보일 수 있는 모든 신뢰로써 행동하는 것이 적절하며 마땅히 그렇게 해야 합니다.

그러나 남편이 자신의 이익에 해를 끼치거나 고통을 초래할 수 있는 일을 하지 않도록 주의해야 하며 특히 죄와 관련된 일에서는 더욱 그렇습니다. 나쁜 행동의 결과로는 죄가 있고 또 하나는 잘못을 바로잡고 화해를 이루려는 노력이 있어야 하므로 이는 그의 자산과 명예 모두에 해를 입힐 수 있습니다.

불운하게도 황후와 같은 아내를 둔 사람으로, 처음부터 어떻게 통제하거나 조언해야 할지 알지 못한다면 그는 그 상황을 받아들이고 신이 허락하는 한 그것을 견뎌야 할 것입니다. 그러나 중요한 것은 결혼 이전과 첫날밤부터 남자가 아내에게 자신이 주인임을 알리고 그들 사이에 어떤 생활을 할 것인지 이해시켜야 한다는 점입니다.

백작님, 이런 것들을 잘 숙고하신다면 형제들이 아내와 잘 지내는 방법에 관해 조언해 줄 수 있을 것입니다.

백작은 파트로니오의 말을 매우 좋아했고,
그가 말한 내용이 매우 합리적이라고 생각했다.

진심을 시험한 왕

어느 날 루카노르 백작이 그의 조언자 파트로니오와 대화를 나누며 말했다.

파트로니오, 얼마 전 내게 영향력이 크고 사람들에게 존경받는 한 사람이 찾아왔네. 그는 나와 친분이 깊은 좋은 친구인데 어떤 사건들 때문에 이 나라를 떠나 다시는 돌아오지 않겠다고 했지.

그리고 나를 좋아하고 신뢰하기 때문에 자신의 모든 땅을 내게 맡기고 싶다고 하더군. 일부는 나에게 팔고 나머지는 내 손에 맡기고 싶어 해. 이건 그의 바람이기도 하고 내게도 큰 이익과 명예가 될 것이네. 내가 어떻게 해야 할지 조언해 주게.

파트로니오가 말했다.

루카노르 백작님, 이 문제에 대해선 제 조언이 꼭 필요하지는 않다고 생각합니다. 그러나 백작님께서 원하시니 제 의견을 드리겠습니다.

　우선, 그 사람이 진정한 친구라고 믿고 계시지만 사실 그는 그저 백작님의 우정을 시험하기 위해 그런 말을 하고 있을 뿐이라고 생각합니다. 이는 왕과 그가 총애하는 신하에 대한 이야기와 비슷합니다.

　루카노르 백작은 그 이야기에 대해 말해 달라고 요청했다.

　백작님, 옛날에 한 왕이 있었는데 그 왕은 자신이 총애하는 신하를 매우 신뢰했습니다. 하지만 세상에서 행운을 누리는 사람은 누구나 질투를 받기 마련입니다. 그래서 왕의 곁에 있던 몇몇 사람들이 그 충신의 행운과 왕의 신임을 질투했습니다. 그 신하가 왕의 신임을 잃도록 노력했지요. 하지만 그들이 무슨 말을 해도 왕은 충신을 해치거나 의심하지 않았고 그의 충성심을 의심하지도 않았습니다.

　그들은 다른 방법으로는 목표를 이루기 어렵다고 생각했습니다. 결국 왕에게 '그 신하가 왕을 죽이려고 음모를 꾸미고 있으며, 왕을 죽인 후에는 어린 왕자까지 죽여 나라를 차지하려

한다'고 믿게 만드는 데 성공했습니다. 지금까지는 왕의 마음에 의심을 심는 데 실패했지만 왕의 마음속에는 점차 조금씩 불안이 생기기 시작했습니다.

나쁜 일이 너무 심각해서 숨길 수 없을 것 같다면 사람은 증거가 나오기만을 기다리지 않고 미리 조치를 취할 것입니다. 왕은 의심이 커져가더니 불신에 빠지게 되었습니다. 그러자마자 큰 두려움에 사로잡혔습니다. 하지만 그는 진실을 알기 전까지는 그 신하에게 특별한 행동을 취하지 않고 망설였습니다.

충신을 실각시키려는 자들은 왕에게 그들이 말이 진실인지 확인할 방법을 알려주었습니다. 그리고 그들은 왕에게 무엇을 말해야 하는지 교묘하게 가르쳐주었습니다. 왕은 그들의 조언을 따르기로 했습니다.

며칠 후, 왕은 충신과 만나 이야기를 시작했습니다. 왕은 자신이 세상 삶에 지쳐가고 있으며 모든 것이 무의미하게 느껴진다는 암시를 주기 시작했습니다. 그러고는 더 이상 말하지 않았습니다.

이후 다시 충신과 대화하면서 왕은 다른 주제로 이야기하는 듯 하다가, 세상의 일들에 관심이 줄고 흥미를 잃어간다고 다시 말했습니다. 그는 이 고민을 대화의 주제로 자주 언급했습니다. 결국 충신은 왕이 세상의 명예나 부, 물질적 소유, 그리고 세상의 어떤 즐거움에도 기쁨을 느끼지 않는다고 믿기 시작했습니다.

왕은 자신의 말이 신하에게 영향을 미치고 있다는 것을 알게 되었습니다. 어느 날 왕은 자신의 죄를 뉘우치기 위해 저 멀리 세상에 잘 알려지지 않은 낯선 곳으로 갈 것이라고 말했습니다. 이렇게 함으로써 신이 자신에게 은총을 베풀어 천국의 영광에 들게 할 거라는 생각을 전했습니다.

왕이 이렇게 말하자 충신은 매우 놀라며 그 계획을 실행하지 말라고 간청했습니다. 왕이 정의롭고 평화롭게 유지해 온 국가와 백성을 저버리는 것은 신에 대한 큰 죄라고 말했습니다. 만약 왕이 떠난다면 백성들 사이에 큰 혼란과 분쟁이 일어날 것이고 왕국은 큰 피해를 입을 것이라고 했습니다. 왕이 떠나려는 계획을 포기하지 않으면, 왕비와 어린 아들, 백성과 재산 모두 큰 위험에 빠질 거라고 말했습니다. 또한 신께서도 이를 좋게 보지 않을 것이라고 덧붙였습니다.

이에 왕은 나라를 떠나기 전에 왕비와 아들, 그리고 왕국을 돌볼 방법을 생각해 두었다고 말했습니다. 왕의 계획은 다음과 같았습니다.

충신이 지금까지 그래왔듯 충성스럽게 자신을 잘 섬길 것이라고 기대하며 그를 누구보다 신뢰한다고 했습니다. 그래서 왕은 왕비와 아들을 충신이 잘 보살피도록 하고 왕국의 요새와 성채들까지 맡아주기를 바란다고 했습니다. 이렇게 하면 아무도 왕자를 해칠 수 없을 것이기 때문이라고 말했습니다. 만약 왕이 나중에 돌아오게 된다면 충신에게 맡겼던 모든 일이 잘 이뤄져 있을 거라고 확신했습니다.

그리고 만약 자신이 죽는다면 그 충신이 왕비를 잘 섬기고 아들을 잘 키우며 그가 자랄 때까지 왕국을 계속 지켜줄 것이라고 믿는다고 말했습니다. 즉, 왕은 그에게 왕실 전체를 맡기려는 뜻을 전했던 것입니다.

충신은 왕이 자신의 아들과 왕국을 그의 권한 아래 두겠다고 하자 겉으로는 아무런 표시를 하지 않았지만, 속으로는 매우 기뻤습니다. 이제 모든 권력을 손에 쥐게 되어 마음대로 할 수 있을 것이라고 생각했기 때문입니다.

그 충신의 집에는 매우 학식이 많고 지혜로운 철학자 노예가 있었습니다.

그동안 자신이 하는 모든 일과 조언을 그 노예의 충고에 따라 결정해왔습니다. 그래서 집으로 오자마자 신하는 노예에게 왕의 말씀을 전하면서 왕이 왕국 전체를 자신의 손에 맡기고자 한다며 기뻐하고 만족스러운 듯한 모습을 보였습니다.

노예 철학자는 왕이 자신의 아들과 왕국을 주인에게 맡기려는 것처럼 보인다는 말을 듣고, 이것이 함정이라는 것을 알아챘습니다. 그래서 노예 철학자는 충신에게 그의 목숨과 재산이 큰 위험에 처해 있다고 말했습니다.

왕이 말한 모든 것은 실제로 계획을 실행하려는 것이 아니라, 충신을 시험하려고 꾸민 것을 간파했습니다. 지금껏 주인을 음모해 온 자들이 왕을 부추겨 그렇게 말하도록 했고 이제 왕이 직접 충신을 시험하려는 것이라고 설명했습니다. 만약 충신이 그 계획에 기뻐하는 것을 왕이 알게 된다면 목숨과 재산을 장담할 수 없다고 경고했습니다.

충신은 이 말을 듣고 크게 당황했습니다. 노예 철학자가 말이 맞다는 것을 깨달았기 때문입니다. 노예는 주인이 처한 위험에서 벗어나는 방법을 알려주었고 충신은 즉시 실행에 옮겼습니다.

그는 그날 밤 머리와 수염을 깎고 거지들이 입는 낡고 해진 옷을 입었습니다. 오래된 헌 신발을 신고 지팡이를 들었으며 옷 안에 꽤 많은 돈을 숨겨 넣었습니다. 새벽이 되기 전에 그는 왕의 처소 앞에 있는 문으로 갔습니다. 그리고 문지기에게 이렇게 말했습니다.

"지금 즉시 조용히 왕께 가서 사람들이 깨기 전에 일어나서 함께 떠나자고 전해 주게" 그리고 이 말을 매우 비밀스럽게 전해줄 것을 부탁했습니다.

문지기는 충신이 그렇게 차려입고 나타난 것을 보고 매우 놀랐고, 왕에게 가서 그대로 전했습니다. 왕 또한 크게 놀라 그를 데려오라고 명했습니다. 왕은 그가 입은 옷을 보고 물었습니다.

"어째서 그런 모습을 하고 있는가?"

신하가 대답했습니다.

"저는 왕께서 망명하시려 한다는 것을 알고 있습니다. 저는 왕의 모든 순간을 함께해왔고 명예와 부를 함께 누렸으니, 왕이 겪으려는 고통스러운 유랑생활도 함께하는 것이 합당하리라 생각합니다.

왕께서 떠나시면서 왕비와 아들, 왕국에 대해 슬퍼하지 않으시기에, 저 역시 가진 재산에 관해 슬퍼할 이유가 없습니다. 이제 저는 왕과 함께 떠나서 아무도 모르게 왕을 섬기겠습니다. 살아가는 데 필요한 재물도 충분히 가져왔으니 왕께서는 심려하지 마십시오. 이제 떠나기로 하였으니 사람들이 알아채기 전에 빨리 떠나는 것이 좋겠습니다."

왕은 진심으로 감동했습니다. 왕은 충신을 말을 듣고 그가 진실을 말하고 있다고 생각했으며 가슴이 벅차오르는 고마움을 느꼈습니다. 그제서야 왕은 그에게 '어떻게 속임수를 당할 뻔했는지', '자신이 한 말이 그대의 충신을 시험하기 위한 것이었음'을 설명했습니다.

충신은 부당한 질투 때문에 속임수에 걸려들어 죽을 뻔했습니다. 하지만 그가 집에 데리고 있던 현자의 조언 덕분에 위기에서 벗어날 수 있었습니다.

루카노르 백작님도 친구가 한 말에 속지 않도록 조심해야 합니다. 그가 한 말은 분명히 백작님을 시험하려는 것일 수 있습니다. 그러니 그에게 '내가 원하는 것은 오직 그의 이익과 명예를 위한 것뿐이며, 그의 재산이나 어떤 것도 원하지 않는다'고 믿게 하세요. 친구 사이에 욕심이 있으면 우정은 오래 가지 못합니다.

백작은 그의 조언자가 준 충고가 옳다고 생각했고,
그가 말한 대로 행동하여 큰 이익을 얻었다.
돈 후안은 그 교훈을 전하기 위해 다음 구절을 썼다.

자기에게 손해가 된다면,
아무도 쉽게 자기 것을 내주지 않는다.

친구의 충고와 진심 어린 행동 덕분에,
어려움은 해결되고 원하는 것을 이루게 될 것이다.

어려움에 처한 친구에게는
같은 편이 돼 주는 것만큼
감사한 것이 없다.

어리석은 아들을 가르친 아버지

어느 날 루카노르 백작은 그의 조언자 파트로니오와 이야기를 나누며 하고자 하는 일에 관해 큰 고민이 있다고 말했다. 그 일을 하면 많은 사람이 그를 비난할 것이고, 하지 않으면 어떤 사람들은 불만을 가질 것이었다. 그래서 그는 자신의 생각을 조언자에게 말하고 의견을 구하고 있었다.

백작님, 저보다 더 나은 조언을 줄 수 있는 사람들이 많다는 것을 알고 있습니다. 또한 백작님은 좋은 판단력을 타고났기 때문에 제 조언이 크게 중요하지 않을 수도 있습니다. 하지만 백작님께서 원하셨으니 제 의견을 드리겠습니다. 저는 농부와 그의 아들에 관한 이야기를 들려드리고 싶습니다.

백작은 그 이야기를 듣고 싶다고 요청하자 조언자가 이야기를 시작했다.

 옛날에 한 착한 남자와 그의 아들이 있었습니다. 아들은 나이가 어렸지만 매우 똑똑했지요. 그런데 아버지가 뭔가 하려고 할 때마다, 아들은 일이 뜻대로 되지 않을 수도 있다는 점을 지적하며 아버지를 막곤 했습니다.

 그래서 아버지가 농장 일을 제대로 하지 못하게 만들기 일쑤였습니다. 똑똑한 아이일수록 실수를 더 쉽게 저지르기도 합니다. 시작하는 법은 알지만, 결과가 어떻게 될지 예측하지 못하는 경우가 많기 때문이지요. 누군가 그들을 제때 잡아주지 않으면 잘못된 길로 빠지기 쉽지요. 이 경우에도 아들이 지나치게 조심스러운 바람에 아버지가 해야 할 일을 제대로 할 수 없게 만들곤 했습니다.

 아버지는 아들과 오랫동안 함께 생활해 왔고 자신의 하려는 일을 언제나 막아서는 것이 거슬렸습니다. 그 때문에 아들에게 교훈을 주고 앞으로 어떻게 행동해야 할지 가르쳐야겠다고 결심했습니다. 그리고 계획을 실행에 옮겼습니다.

 어느 날 아버지는 아들에게 당나귀를 데리고 필요한 물건을 사러 나가자고 말했습니다. 그들은 당나귀를 끌고 시장을 향해 걸어가고 있었습니다. 길을 가는 동안 당나귀 등에는 아무것도 없는 상태였습니다.

그때 마을에서 오던 몇몇 사람이 인사를 나누며 지나치면서, 당나귀에 짐을 싣지 않을 채 걸어가는 것이 별로 현명하지 않다고 말했습니다. 농부는 그 이야기를 듣고 아들에게 어떻게 생각하는지 물었습니다. 아들은 "그들 말이 맞아요. 아버지. 당나귀가 짐을 싣고 있지 않으니 걸어가는 것이 어리석다고 생각한 것이죠. 그러자 아버지가 말했습니다. "그래, 당나귀 위에 네가 타렴"

그렇게 길을 계속 가다가 또 다른 사람들을 만났습니다. 이번에는 그들이 지나가면서 아버지가 나이 들고 피곤해 보이는데, 젊고 튼튼한 아들이 당나귀를 타는 것이 잘못되었다고 말하는 소리를 들었습니다. 아버지는 아들에게 이에 대해 어떻게 생각하는지 물었습니다. 그러자 "네, 그들이 말이 맞네요." 그러자 아버지는 아들에게 당나귀에서 내리라고 하고, 자신이 올라탔습니다.

잠시 후 또 다른 사람들을 만났습니다. 이번에는 어린 아들을 걸리게 하고 아버지가 당나귀를 타는 것이 바람직하지 않다고 말하는 소리를 들었습니다. 또다시 아버지는 아들에게 어떻게 생각하느냐고 물었습니다. 그러자 "그 말도 맞는 거 같아요. 아버지."라고 말했습니다.

그러자 아버지는 '그럼 너도 당나귀에 올라타라'고 했습니다. 그러면 아무도 걷지 않게 되니까요.

그들이 당나귀를 타고 가다가 또 다른 사람들을 만났습니다. 그 사람들은 당나귀가 너무 말라서 길을 걷기도 힘들어 보이는데 두 사람이 당나귀를 타는 것은 과하다고 말했습니다. 아버지는 다시 아들에게 어떻게 생각는지 물었고, 아들은 이번에도 그 말이 맞다고 했습니다. 그러자 아버지는 이렇게 말했습니다.

"아들아, 우리가 집을 떠날 때는 둘 다 걸었고 당나귀는 짐이 없었지. 그때 너는 그게 좋다고 했어. 그런데 길에서 만난 사람들이 그게 잘못됐다고 했지. 그래서 너에게 당나귀를 타라고 했고, 나는 걸었지. 너는 그것이 맞다고 했어.

그 후에 다른 사람들을 만났을 때 그들이 다른 의견을 줘서, 네가 내려오고 내가 당나귀를 탔지. 너는 그것이 더 낫다고 했어. 그리고 또 다른 사람들은 우리가 함께 당나귀를 타는 것을 반대했어.

이제 우리가 할 수 있는 일이 무엇이겠니? 우리는 걸었을 때도, 너만 타고 내가 걸었을 때도, 내가 타고 네가 걸었을 때도, 지금 우리가 둘 다 타고 있을 때도, 사람들은 모두가 반대했어.

그 누구도 모든 상황을 옳다고 보지 않아.

나는 이 일을 통해 네게 농장에서 무슨 일이 일어나는지 보여주려 한 거야. 누구도 모든 일을 칭찬하지는 않기 때문에, 우리가 무언가 개선하려 하면 그로 인해 이득을 보지 못하는 사람들은 불만을 터뜨리게 마련이야. 또 어떤 일이 나쁘게 보이면 옳은 것을 추구하는 사람들은 그로 인한 피해를 용납하지 않겠지.

그러니 가장 바르고 유익한 일을 하고 싶다면 올바른 일이나 가장 큰 이익이 되는 일을 하도록 해라.

만약 그 일이 남에게 해를 끼치지 않는다면 사람들이 뭐라고 하든 멈추지 말거라. 대부분의 사람들은 자기 생각만 말할 뿐, 네게 진정으로 좋은 일을 고려하지 않는단다."

백작님, 이 이야기가 백작님께 도움이 되었을 것이라고 생각합니다. 백작님이 하려는 일을 걱정하신다면, 그 일을 하지 않아도 비판받을 수 있습니다. 백작님께서 제게 조언을 구하셨으니, 제가 드리는 조언은 이렇습니다.

"무엇을 하기 전에 모든 이점과 단점을 잘 살펴보십시오. 자신의 판단만을 믿지 말고, 자만에 빠지지 마십시오. 존경하고 신뢰할 수 있는 사람들, 특히 충직하고 지혜로운 사람들에게 조언을 구하세요.
  만약 그런 조언자를 찾지 못한다면, 서두르지 말고 하루 이틀 시간을 두십시오. 시간이 허락된다면 말입니다. 무엇보다도, 자신의 이익을 위해 결정을 내렸다면 사람들이 뭐라고 하든 그 일을 하지 않을 이유는 없습니다."

돈 후안은 이 이야기를 듣고 책에 기록하게 했으며 이야기의 교훈을 간단히 담은 다음 구절을 썼다.

청하지 않은 충고는 도움이 되지 않는다.
도움이 된다고 해도 그 크기는 미미할 뿐이다.

가장 좋은 선택은 자신이 직접 판단하고
자신이 직접 내린 결정들에서 나온다.

episode 10

아랍인과 싸우려 바다로 뛰어든 영국의 왕 리처드

어느 날 루카노르 백작은 그의 조언자 파트로니오를 따로 불러 이렇게 말했다. 파트로니오, 나는 당신의 판단을 매우 신뢰하네. 만약 당신이 알지 못하거나 조언을 줄 수 없는 문제라면, 다른 누구도 조언할 수 없을 것이네. 그래서 지금 이야기할 문제에 관해 최고의 조언을 해주길 바란다네.

당신도 알다시피, 나는 더 이상 젊지 않아. 하지만 어린 시절부터 전쟁에 뛰어들어 많은 위험을 감수해왔지. 때로는 기독교인들과, 때로는 무어인(이슬람교를 믿는 북아프리카의 베르베르인과 아랍인)과 싸웠어.

그리고 우리 영토를 지배하거나 이웃하고 있는 나라의 왕들과도 전쟁을 벌였지. 기독교인들과의 전쟁은 항상 피하려 했지만, 부득이하게 전쟁이 벌이지면 많은 이들이 심하게 다쳤어.

이것은 내가 신 앞에서 저지른 죄 중 하나일 뿐이네. ————

또한 나를 포함해 누구도 자신이 언제 죽을지 확실히 알 수 없다는 걸 알고 있네. 내 나이를 생각해 보면 내가 오래 살지 못할 게 분명해.

신께서 나를 심판하실 텐데 내가 그 심판을 피할 수 없으며 내가 저지른 선과 악에 따라 결정될 거라는 것도 알고 있지. 그래서 만약 내가 저지른 죄로 인해 신께서 나를 올바르게 심판하신다면 난 지옥에서 영원한 고통을 피할 수 없을 것이고 세상 그 무엇도 나를 구원할 수 없을 거야.

하지만 신의 은혜로 내가 천국에 갈 자격이 있다고 판단하신다면 그 기쁨과 영광에 비할 것은 세상에 아무것도 없을 것이네. 나의 구원이나 저주가 오로지 내가 한 행동에 달려 있으니, 내가 신 앞에서 저지른 죄를 어떻게 속죄할 수 있을지 나에게 맞는 방법으로 조언해 주길 바라네. 신의 은총을 받을 자격을 가질 수 있도록 말일세.

파트로니오가 말했다.

백작님께서 하신 말씀을 듣고 저는 지금 매우 기쁩니다. 특히 백작님의 신분에 맞춰 조언을 구해주셨기에 더욱 그렇습니다.

만약 백작님께서 다른 방식으로 말씀하셨다면 백작님께서 저를 시험하려 하시는 것이라 생각했을 겁니다. 마치 제가 며칠 전에 들려드린 '왕이 충신을 시험한 이야기'처럼 말입니다.

백작님께서 신 앞에 자신의 과오를 속죄하려 하면서도 지위와 명예를 유지하기를 원하신다는 것을 알게 되어 기쁩니다. 만약 백작님께서 자신의 지위를 포기하고 수도원에 들어가거나 세속을 떠나는 다른 방법을 찾으신다면 두 가지 일은 피할 수 없을 것입니다.

첫째 모두가 백작님을 오해할 것입니다. 사람들은 백작님께서 용기가 없거나 더 이상 훌륭한 사람들과 어울리고 싶지 않아서 그렇게 했다고 말할 것입니다. 둘째 백작님께서 수도원의 엄격한 생활을 견딜 수 있을지 장담할 수 없습니다. 나중에 만약 수도원을 떠나거나 규칙을 지키지 못하고 그곳에 머무른다면 이는 백작님의 영혼에 해가 되고 건강과 명예에도 큰 타격을 줄 것입니다.

하지만 백작님께서 원하신다면 한 거룩한 수도자에게 '그와 영국의 리처드 왕에게 일어날 일'을 신께서 어떻게 보여주셨는지 말씀드리고 싶습니다.

루카노르 백작은 파트로니오에게 그 이야기를 해달라고 요청했다.

백작님 옛날에 한 수도자가 있었는데 그는 매우 선한 삶을 살았으며 많은 선행을 했고 신의 은총을 얻기 위해 큰 고통을 겪었습니다. 그 결과 신은 그에게 천국의 영광을 얻을 것이라고 약속하셨습니다.

수도자는 신께 깊이 감사했지만 그와 동시에 천국에서 자신의 동반자가 누구일지 신에게 물어보았습니다. 신은 그 질문을 하는 것이 잘못되었다고 몇 번이나 천사를 보내 말했지만 수도자는 계속 물었고 결국 신은 대답하기로 했습니다.

신은 천사를 보내 그가 영국의 리처드(Richard) 왕과 함께 천국에 있을 것이라고 전했습니다. 이 소식을 들은 수도자는 그리 기뻐하지 않았습니다. 그는 리처드 왕을 잘 알고 있었는데 매우 전쟁을 좋아하는 사람이었고 많은 사람을 죽이고 약탈하고 재산을 빼앗았기 때문입니다.

수도자는 왕의 삶이 자신의 삶과 완전히 반대되는 것을 늘 지켜보았기 때문에 그가 구원받을 가능성은 희박해 보였습니다. 그래서 수도자는 그 사실을 납득하기가 어려웠습니다. 이를 본 신은 다시 천사를 보내 리처드 왕이 단 한 번의 용감한 행동으로 수도자가 해 온 모든 선행보다 더 크게 신에게 영광을 올리게 될 것이라는 소식을 전했습니다. 수도자는 크게 놀라며 그 일이 어떻게 가능한지 물었습니다.

천사는 그에게 영국, 프랑스, 나바라(스페인 북부와 프랑스 남서부에 걸쳐 있던 옛 왕국)의 왕들이 바다 건너에 갔던 이야기를 들려주었습니다.

그들이 항구에 도착한 날, 무장을 하고 땅을 점령하려 했지만 해변에 너무 많은 무어인이 있어서 상륙이 가능할지 의심했습니다. 이에 프랑스 왕은 영국 왕에게 사람을 보내 어떻게 할지 함께 결정하자고 요청했습니다. 영국 왕은 말을 타고 있다가 이 소식을 듣고 프랑스 왕의 사자에게 이렇게 말하라고 전했습니다.

그는 자신이 신 앞에서 죄인임을 잘 알고 있으며 많은 나쁜 일을 저질렀다고 고백했습니다. 항상 자신의 길을 바로잡을 기회를 간절히 원해왔지만 이제 그 기회가 온 것을 보았다고 말했습니다. 만약 그 자리에서 죽는다면 이 세상을 떠나기 전에 속죄가 되는 것이며 그 상태에서 죽어 영혼이 신의 은총을 받을 것이라고 했습니다. 만약 무어인들을 이길 수 있게 된다면 신께서 만족하실 것이고 모든 일이 잘 풀릴 거라고 덧붙였습니다.

자신의 몸과 영혼을 신에게 맡기며 은총받기를 기도했고 십자가를 그리며 자신의 군사들에게 도움을 요청했습니다. 그는 말에 박차를 가해 무어인들이 있는 해변을 향해 바다로 뛰어들었습니다. 왕과 그의 말은 물속으로 사라져 아무도 볼 수 없었습니다.

그러나 자비로운 신께서 복음서의 '죄인의 죽음을 원하지 않고 그가 회개하고 살기를 바라신다'는 말씀처럼 영국 왕을 죽음에서 구하셨습니다. 그리고 그에게 영원한 생명을 주셨고 물에 빠져죽을 위험에서 벗어나게 했습니다. 그는 용맹하게 무어인들과 싸우러 나아갔습니다. 이를 본 영국 군사들은 모두 바다로 뛰어들어 무어인들에게 돌진했습니다.

프랑스 군사들도 그것을 보고 부끄러움을 느꼈고 그 생각을 견디지 못해 모두 무어인들에게 맞서 바다로 뛰어들었습니다. 무어인들은 그들이 죽음을 두려워하지 않고 자신들을 공격하러 온 것을 보고 맞서 싸우지 못하고 항구를 버리고 도망쳤습니다.

그들이 항구에 도착하자 가능한 많은 무어인들을 없애며 큰 전과를 올렸습니다. 이 모든 것은 영국의 리처드 왕이 뛰어내린 결과로 이루어진 일이었습니다. 수도자는 천사에게 리차드 왕의 이야기를 듣고 매우 기뻐하며 신께서 그를 리처드 왕과 함께 천국에서 동반자로 삼으신 것이 큰 축복이라는 것을 깨달았습니다. 리처드 왕이 신을 위해 위대한 일을 했고 가톨릭 신앙을 하는 사람들의 구원을 위해 큰 역할을 했기 때문입니다.

루카노르 백작님께서 만약 과거의 악행을 속죄하고 싶다면 이곳을 떠나기 전에 피해를 입힌 사람들에게 사과하고 용서를 구하며 문제를 해결해야 합니다. 자신의 죄를 뉘우치고 세상의 헛된 자만심에 휘둘리지 마십시오.

또한 이미 공익을 위해 많은 일을 하고 있다는 사람들의 말에도 신경 쓰지 마세요. 그들이 말하는 '공익'이라는 것은 단지 자신을 따르는 많은 사람들을 유지하려는 구실일 뿐입니다. 그들은 자신들이 계속해서 그렇게 많은 사람들을 돌볼 수 있을지 생각하지 않습니다. 얼마나 많은 사람들이 죽었고 남은 사람들은 어떻게 될지도 신경 쓰지 않습니다. 그들이 정말로 관심 있는 것은 자신의 세력을 유지하는 것뿐입니다.

백작님이 신을 섬기고 과오를 뉘우치며 더 이상 자만심과 허영에 가득 찬 삶을 계속하고 싶지 않다고 하셨습니다. 하지만 신께서 당신을 무어인들과 싸울 수 있는 땅에 두셨으니 떠나기 전에 땅을 안전하게 지키고 속죄한 후에 진정으로 회개한다면 어떻게 될까요?

지금까지 해온 선행이 인정받을 것이며 이로써 모든 것을 내려놓고 남은 삶을 선하게 살아갈 수 있을 것입니다. 제가 생각하기에 이것이 백작님이 영혼을 구원하면서도 영토와 명예를 지키는 가장 좋은 방법입니다. 신을 섬기기 때문에 당신이 일찍 죽지도 않을 것이며 소유한 땅에 남아 있다고 해서 더 오래 살지도 않을 것입니다.

만약 신을 섬기다 죽게 된다면 순교자로 죽는 것이고 행복한 생을 누리신 분이 될 것입니다. 비록 전투에서 죽지 않더라도 선한 의지와 행위는 백작님을 기사로 만들어 줄 것입니다. 그리고 백작님을 비난하려는 사람들도 더 이상 비난할 수 없을 것입니다. 왜냐하면 모두가 백작님이 기사로서의 진정한 의무를 다하고 있으며 세상의 헛된 자부심을 버리고 하늘의 기사로서 살고 있다는 것을 알게 될 것이기 때문입니다.

저는 백작님께서 신의 은총을 받을 수 있도록 영혼을 구원할 방법에 대해 최선을 다해 조언을 드렸습니다. 리처드 왕이 바다로 뛰어들어 무어인들과 싸운 것처럼 백작님의 행동은 그가 큰 결단을 내리고 행한 것들과 비슷할 것입니다.

루카노르 백작은 파트로니오의 조언에 매우 만족했고 이 조언을 진심으로 받아들여 실천하기로 했다.

돈 후안은 다음과 같은 시를 썼다.

진정한 기사라면
용감하게 뛰어내릴지언정
죄수처럼 살지는 않을 것이다.

위험을 경고한 제비

어느 날 루카노르 백작은 그의 조언자 파트로니오와 대화를 나누며 이렇게 말했다.

내 이웃들 중 나보다 더 강한 사람들이 모여서 나를 속이고 큰 해를 끼치려고 계략을 준비하고 있다는 이야기를 들었소. 나는 그 말을 믿지도 않고 두렵지도 않지만 자네의 지혜를 신뢰하기에 이 일에 대해 뭔가 조치를 취해야 할지 의견을 묻고 싶소.

파트로니오는 대답했다.
백작님, 그렇다면 백작님께서 하셔야 할 일을 말씀드리기 위해 제비와 다른 새들에게 일어난 이야기를 한 번 들어보시면 좋겠습니다.

어느 날 제비는 한 남자가 아마씨를 뿌리는 것을 보았습니다. 제비는 그 아마씨가 자라면 사람들이 그것으로 그물을 만들어 새를 잡는데 쓸 것이라고 대번에 알았지요. 그래서 제비는 다른 새들을 모아 경고했습니다.

"사람들이 지금 아마씨를 뿌리고 있는데 이 씨앗이 자라면 우리에게 큰 해를 끼칠 거야. 그러니 아마씨가 싹트고 자라기 전에 뽑아버려야 해.
처음에는 문제가 작고 쉽게 해결할 수 있지만 시간이 지나면 해결하기 어려워질 거야."

하지만 새들은 이 문제를 가볍게 여겼고 아무것도 하지 않았습니다. 제비는 계속해서 경고했지만 다른 새들은 무관심했고 조언을 귀담아듣지 않고 무시했습니다. 그러는 사이 아마가 너무 크게 자라서 새들은 더 이상 발톱이나 부리로 뽑을 수 없게 되었습니다. 아마가 걷잡을 수 없이 자라 처리할 수 없게 되자 다른 새들은 그때서야 조언을 따르지 않은 것을 후회했지만 이미 늦었습니다.
제비는 새들이 그들에게 닥칠 위험을 신경 쓰지 않는 것을 보고 사람에게 갔습니다. 그는 사람의 보호 아래 있기로 했고 안전을 보장 받았습니다. 그 덕분에 자신과 후손들이 무사히 지낼 수 있었습니다. 그 이후로 제비들은 인간의 영역에서 살며 안전하게 지내지만 다른 새들은 매일 그물과 덫에 걸려들고 있습니다.

만약 백작님이 예상되는 해로부터 스스로를 보호하고자 한다면 미리 대비해야합니다. 큰 일이 벌어지기 전에 해결책을 마련해야 합니다. 일이 벌어진 뒤에야 문제를 알아차리는 것은 어리석은 일이고 이미 늦어버린 후입니다. 현명한 사람은 징조나 다양한 움직임을 통해 다가올 위험을 미리 알아채고 그것이 일어나지 않도록 대처하는 법입니다.

루카노르 백작은 파트로니오의 조언에 매우 만족했고
그 충고를 따라 이익을 얻었다.
돈 후안은 이 이야기가 훌륭하다고 생각했고
다음과 같은 구절을 썼다.

위험을 미리 알게 됐을 때
행동하는 통찰력을 가진 자는
문제를 피할 수 있다.

서로 먼저 종을 치겠다고 싸운 성직자와 수도사

하루는 루카노르 백작이 조언자인 파트로니오와 대화를 나누며 이렇게 말했다.

파트로니오, 나와 친구 한 명이 서로에게 이익이 되고 명예로운 일을 함께 하려고 한다오. 하지만 그 친구가 도착하기 전까지는 그 일을 시작할 엄두가 나지 않네. 자네의 뛰어난 지혜를 빌려, 이 상황에서 어떻게 해야 할지 조언을 부탁하네.

백작의 물음에 파트로니오가 대답했다.

백작님께서 가장 유리하게 행동하시려면, 파리 대성당의 성직자들과 프란체스코 소속의 수도사들 사이에 일어난 일을 들어보시길 권해드리고 싶습니다.

파리 대성당의 성직자들은 자신들이 교회의 중심에 있는 사람이니 예배 시간을 먼저 알릴 자격이 있다고 주장했습니다. 반면, 수도사들은 자신들이 공부하고 새벽 기도를 드려야 하니 다른 사람을 기다리지 않고 정해진 시간에 바로 예배를 알릴 필요가 있다고 주장했습니다.

이 문제로 논쟁은 커졌고 양측은 많은 변호사 비용을 지출했으며 소송은 교황청에서 오랫동안 이어졌습니다. 결국, 어느 날 교황이 문제를 한 추기경에게 맡기며 이 문제를 해결하라고 명령했습니다. 추기경이 본 사건과 관련된 문서들은 너무 많아서 보기만 해도 기겁할 정도였습니다.

문서를 검토를 마친 추기경은 판결은 다른 정해 진 날 내리기로 하고, 먼저 모든 당사자들이 모인 자리에서 문서들을 태우라고 명령했습니다. 그리고 이렇게 말했습니다.

"여러분, 이 소송은 오랫동안 이어져왔고 모두 많은 비용을 들였으며 큰 손해를 입었습니다. 저는 이 소송을 더 이상 지연시키고 싶지 않으니 다음과 같이 판결하겠습니다. 먼저 깨어난 자가 종을 울리시오!"

이렇게 사건은 종결되었습니다.

백작님, 만약 두 분 모두에게 이익이 되는 일이고 백작님께

서 혼자라도 진행할 수 있다면 지연시키지 말고 바로 실행에 옮기길 권해드립니다. 잘 마무리 될 수 있는 일을 미적거리면서 진행시키지 않을 경우, 정작 그 일을 처리하려고 할 땐 해결되지 않을 수도 있습니다.

나중에 그 일을 시작하려 해도 상황이 더 이상 적합하지 않을 수 있으니 미루지 않고 바로 실행하시기 바랍니다.

백작은 이 조언이 매우 유익하다고 생각했고,
그에 따라 행동하여 많은 이익을 얻었다.

돈 후안은 다음과 같은 구절을 썼다.

혼자라도 할 수 있는 어떤 일이 있다면
함께 할 누군가를 찾지 않고
먼저 시작하라.

함께 할 누군가를 찾으며 시간을 낭비하지 말라.
유익한 일이면 지체하지 말고 그 일을 해야 한다.
기회는 지금 잡아야한다.
머뭇거리면 놓치리라.

꿈에 취해 꿀 항아리를 깨버린 여인

어느 날 루카노르 백작은 그의 조언자 파트로니오에게 이렇게 말했다.

한 남자가 나에게 세상의 모든 일들은 쇠사슬처럼 서로 연결되어있다는 것을 보여주면서 어떻게 하면 그것을 잘 이용할 수 있는지 기막힌 계획을 설명해 주었소. 그 계획이 성공하면 정말 큰 이득을 볼 수 있을 것 같소. 만약 그 계획이 잘 풀리면 다른 좋은 일이 잇따라 일어나서 크게 잘될 것이오.

백작이 그 계획을 설명하자, 파트로니오는 대답했다.
백작님께서 항상 들어왔듯이 현명한 사람은 확실한 일에 집중하고 헛된 망상이나 기대에 집착하지 않는 법입니다. 허황된 것에 사로잡히면 트루하나(Truhana)라는 여인에게 일어났던 일이 똑같이 일어날 수 있습니다.

파트로니오는 이야기를 시작했다.

옛날에 트루하나라는 여인이 있었는데 가난한 사람이었습니다. 어느 날 그녀는 머리에 꿀 항아리를 이고 시장으로 가고 있었습니다. 가는 길에 꿀을 팔아 달걀을 사고 그 달걀에서 병아리가 부화하고 그 병아리들을 팔아 양이나 소를 살 계획을 세웠습니다. 이렇게 계속해서 돈을 벌어 이웃 중에서 가장 큰 부자가 될 것이라고 상상했지요.

그러다 자식들의 결혼까지 상상하고 며느리와 사위들과 손주들과 함께 거리를 걷는 모습까지 떠올렸습니다. 사람들이 그녀를 보고 "저 여인은 가난했는데 이렇게 부자가 되다니 정말 운이 좋다"고 말하는 모습이 그려졌습니다.

그렇게 좋은 일들을 상상하니 기분이 좋아졌습니다. 그 기분에 웃기 시작했는데 너무 심하게 웃다보니 실수로 손으로 이마를 쳐버렸습니다. 그만 꿀 항아리를 떨어뜨려 깨져버렸습니다. 항아리가 깨진 것을 보고 트루하나는 모든 상상이 물거품이 되었음을 깨닫고 눈물을 흘렸습니다. 허황된 상상에 빠져서 헛된 기대를 품고 있느라 결국 아무것도 이루지 못한 것이지요.

만약 그 사람이 말한 것들과 백작님께서 상상하는 것이 다 이뤄질 거라고 믿으신다면 확실한 일에만 집중하고 헛된 기대나 불확실한 일에 집착하지 않으셔야 합니다.

 만약 위험을 감수해야 한다면 중요한 일을 따르도록 하십시오. 불확실한 이익을 쫓지 않도록 조심하셔야 합니다.

루카노르 백작은 파트로니오의 조언에 만족했고
그 충고에 따라 행동하여 이익을 얻었다.
돈 후안은 다음과 같은 구절을 썼다.

하늘을 나는 두 마리 새보다는
내 손 안의 한 마리 새를 더 소중히 여겨라.

확실한 것에만 믿음을 두고 헛된 상상으로
지금의 일을 져버리지 말라.

현재의 일에 모든 것을 다 하면
그것이 쌓여 어느 날 상상이 현실이 돼
나타나기 마련이기에..

속임수

어느 날 루카노르 백작은 그의 조언자 파트로니오와 대화를
나누며 말했다.

파트로니오, 오랫동안 나에게 원한을 품고 괴롭혀 온 숙적이
있소. 나 역시 그에게 해를 입혔고 우리 사이에 서로 주고받은
해로 인해 적대감이 깊어졌지. 그런데 지금 우리 두 사람보다
더 강력한 제3의 인물이 등장하여 우리 둘은 그 사람의 행동을
두려워하고 있소. 그로 인해 큰 해를 입을 수 있을 것이오.

나의 숙적이 나에게 협력하여 이 새로운 위협에 대항하자고
제안해 왔소. 만약 우리가 힘을 합친다면 함께 방어할 수 있을
것이고 그렇지 않으면 둘 다 쉽게 패할 것 같은 상황이오. 숙적
은 나와 힘을 합치면 서로를 지킬 수 있다고 주장하지만 그가
나를 속이려는 것이 아닌지 의심스럽소.

그가 내게 믿음을 보여주면 나도 그를 믿을 수 있겠지만 아직 그러지 못해서 지금 상황이 매우 걱정될 따름이오. 자네의 지혜를 믿고 이 상황에서 어떻게 해야 할지 조언을 구하고 싶소.

파트로니오는 이렇게 대답했습니다.

백작님, 이 상황은 매우 위험한 상황입니다. 이 문제를 잘 이해하실 수 있도록 튀니스에서 엔리케(Enrique) 왕자와 두 신사에게 일어난 일을 말씀드리겠습니다.

엔리케 왕자와 함께 튀니지에 살던 두 기사는 아주 절친한 친구였고 항상 함께 지냈습니다. 그들은 각각 한 마리의 말을 가지고 있었는데 그 말들끼리는 서로를 극도로 싫어했지요.

두 기사는 돈이 많지 않아 따로 숙소를 잡을 수 없었지만 말들이 서로를 미워했기 때문에 같은 숙소에 머무를 수 없었습니다. 이 상황은 그들의 삶을 매우 불편하게 만들었지요. 그래서 결국 그들은 엔리케 왕자에게 도움을 청했고 그들의 말들을 튀니지 왕이 소유한 사자 우리에 던져달라고 부탁했습니다. 왕자는 그들의 부탁을 들어주었고 말들을 사자 우리 안에 넣었습니다.

처음에 말들은 서로 보자마자 싸우기 시작했지만 사자가 등장하자 서로를 향해 조금씩 다가갔습니다. 그들은 힘을 합쳐 사자를 향해 용감하게 맞서 싸웠고 결국 사자는 그들에게 해를 입히지 못하고 물러났습니다. 이후로 두 말은 서로 절친한 친구가 되어 한 울타리에서 지내며 화목하게 지냈지요. 그들의 우정은 사자에 대한 두려움에서 시작되었습니다.

백작님의 적이 그 강력한 제3의 인물을 두려워하며 당신의 도움이 없이는 자신을 지킬 수 없다고 확신한다면 그와 점차 신뢰를 쌓고 협력하는 것이 좋을 것입니다. 만약 그가 신뢰를 보여주어 어떤 이익이 있어도 당신을 해치지 않을 것 같다면 그와 협력하여 제3자를 물리치는 것이 현명할 것입니다.

그러나 만약 그가 백작님을 도운 후에도 여전히 적대감을 품고 해치려 한다면 그를 돕지 않는 것이 나을 것입니다. 그가 위험한 상황에서도 적대감을 드러낸다면 그를 돕는 것이 오히려 백작님에게 해가 될 수 있으니 주의해야 합니다.

루카노르 백작은 파트로니오의 조언에 매우 만족했고
그 충고를 따랐다.

돈 후안은 다음과 같은 구절을 남겼다.

낮선 자의 속임수를 조심하고,

네 재산을 안전하게 지켜라.

측근의 악행에 방심하지 말라.

선과 악을 다루는 두 가지 방법

루카노르 백작은 그의 조언자 파트로니오와 대화하고 있었다.

파트로니오, 나에게는 두 명의 이웃이 있소. 그중 한 사람은 내가 매우 좋아하는 사람으로, 우리 사이에는 깊은 애정과 끈끈한 연대가 있다오. 그런데 가끔씩 그는 나에게 해를 끼치고 속이기까지 한다네. 그것이 나를 매우 불쾌하게 만들지.

두 번째 사람은 나와 특별한 유대 관계도 없고 특별히 좋아할 이유도 없는 사람이오. 그런데 이 사람도 가끔은 나에게 불쾌한 일을 하곤 한다네. 당신의 깊은 지혜로 내가 이 두 사람을 어떻게 대해야 할지 조언을 구하오.

백작의 고민을 들은 파트로니오는 도움이 될 만한 이야기를 들려주었다.

백작님께서 언급하신 것은 한 가지 문제가 아니라 두 가지 문제입니다. 그리고 서로 정반대의 상황입니다. 백작님께서 이 상황을 적절하게 처리할 수 있도록, 두 가지 이야기를 알려드리고 싶습니다. 하나는 선과 악 사이에 일어난 일이고 다른 하나는 현명한 사람과 미친 사람에게 일어난 일입니다.

옛날에 '선'과 '악'이 있었는데 그들은 함께 살기로 했습니다. 그런데 악은 선보다 훨씬 교활하고 이기적이며 항상 꾀로 가득 차 있어서 어떤 속임수나 나쁜 일을 꾸며냈습니다.

악은 선에게 양 떼를 기르자는 제안을 했고 그것이 그들에게 생활에 도움이 될 것이라고 했습니다. 선은 그 아이디어를 좋아했고 양을 기르기로 했습니다. 그리고 양이 새끼를 낳자 악은 선에게 각자의 몫을 나누자고 제안했습니다. 선은 미덕이 있고 신중했기 때문에 먼저 고르기를 원하지 않았고, 악에게 먼저 고르라고 했습니다.

악은 사악하고 교활했기 때문에 기뻐하며 선에게 갓 태어난 새끼 양들을 가지라고 했고 자신은 젖과 양털을 가져가겠다고 했습니다. 선은 그 분배에 만족한다고 했습니다.

그 후, 악은 돼지를 키우자고 했고 선은 동의했습니다. 돼지

가 새끼를 낳자, 이번에는 반대로 하자고 했습니다. 지난번에
선이 양 새끼들을 가져갔고 악은 젖과 양털을 가져갔으니 이번
에는 선이 젖과 털을 갖고 자신은 새끼 돼지들을 가질 차례라
고 말했습니다. 선은 그 제안을 받아들였습니다.

그리고 얼마 후, 그들은 채소가 필요해 무를 심게 되었습니
다. 무가 자라자, 악은 선에게 땅 속에는 무엇이 있는지 모르니
보이는 것이 더 나은 것이라고 하면서 선은 땅 위에 있는 무의
줄기를 가지고 자신은 땅속에 있는 부분을 가져가겠다고 했습
니다. 선은 이에 동의했습니다.

다음에 그들은 양배추를 심었습니다. 양배추가 자라자, 악은
선에게 지난번과 반대로 하자고 했습니다. 지난번에 무의 윗부
분을 가져갔으니 이번에는 땅 속에 있는 양배추 뿌리를 가져가
라고 말했습니다. 선은 아무런 저항 없이 악이 제안하는 분배에
따랐습니다.

그러던 어느 날, 악이 이번에는 여자를 한 명 들이자고 했습
니다. 선은 이번에도 아무 불평 없이 그 제의를 받아들였지요.
그들이 여자를 얻자, 악은 선에게 허리에서 머리까지 가지라고
말했고, 자신은 허리에서 발까지의 부분을 가지겠다고 했습니

다. 선은 그렇게 하자고 동의했습니다.

선의 몫인 여종의 윗부분은 집안일을 처리했고 악의 몫인 아랫부분은 그와 결혼하여 동침을 해야 했습니다. 얼마 후 여자는 임신하여 아들을 낳았고 아이에게 젖을 먹이고 싶어 했습니다. 그러자 선은 여자에게 말했습니다.

"아이는 젖을 먹을 수 없네.

젖을 주는 것은 내 몫이며 나는 젖을 먹이는 것을 허락하지 않겠네."

악이 그의 아들이 태어난 것을 보러 왔을 때, 아기가 울고 있는 것을 보았습니다. 엄마는 아기가 젖을 먹지 못해서 울고 있다고 말했습니다. 악은 이 말을 듣고 웃으며 선에게 아기가 젖을 먹게 해달라고 부탁했습니다. 그러나 선은 젖은 자신의 몫이라며 허락하지 않았습니다. 악이 계속 강하게 요구하자, 선은 그를 보고 말했습니다.

"친구여, 내가 어리석어 네가 항상 좋은 몫을 골라가고 나에게는 나쁜 몫을 남겼다는 것을 몰랐다고 생각하는가? 나는 네가 준 것으로 힘겹게 버텼지만 너는 나에게 전혀 관대하지 않았지.

　이제 신께서 나의 도움 없이는 네가 살아갈 수 없는 처지에 놓이게 하셨다. 내가 너에게 그 도움을 주지 않는다고 해도 놀라지 마라. 네가 나에게 한 일을 생각하고 이제 네가 응당 받을 것을 받아라."

　악은 선이 진실을 말하고 있으며, 그의 아들이 젖을 먹지 못해 죽을 것이라는 사실을 알았습니다. 그는 큰 비탄에 빠져, 선에게 자비를 베풀어달라고 애원했습니다. 아들을 살리기 위해 자신의 잘못을 용서해달라고 간청했습니다. 그리고 앞으로 선이 요구하는 모든 것을 하겠다고 약속했습니다.

　선은 악이 약속에 흡족했습니다. 신께서 악이 선의 도움 없이는 살 수 없는 상황에 처하게 하셨음을 깨달았습니다. 그는 이를 큰 승리로 여겼습니다. 그래서 악에게 이렇게 말했습니다.

　만약 내가 아내가 아기에게 젖을 먹도록 허락하면, 너는 아이를 등에 업고 도시를 돌아다니며 모든 사람들이 들을 수 있게 이렇게 외쳐야 한다.

여러분, 결국에는 선이 악을 이긴다는 것을 들으시오."

악이 이것을 한다면 선은 그에게 젖을 주겠다고 동의했습니다. 악은 이를 받아들이며 아들의 생명을 구하기 위해 바람직한 협상을 했다고 생각했습니다. 선 또한 자신이 훌륭하게 일을 처리했다고 느꼈습니다.

두 번째 이야기를 들려드리겠습니다. 선량한 사람과 미친 사람 사이에서는 전혀 다른 일이 벌어졌습니다.

선량한 사람은 목욕탕을 운영하는 사람이었습니다. 어느 날 미친 사람이 목욕탕에 와서 난동을 피우기 시작했습니다. 양동이, 돌, 막대기, 손에 닿는 것들로 사람들을 마구 때리는 것이었습니다. 이런 일이 자주 일어나게 되자 선량한 사람의 목욕탕에 사람들의 발길이 점차 끊겨 그의 수입이 줄어들었습니다.

어느 날 목욕탕 주인은 아침 일찍 일어나 미친 사람이 오기 전에 탕에 들어가 있었습니다. 그는 옷을 벗고 매우 뜨거운 물이 담긴 양동이와 큰 나무 삽을 들고 미친 사람이 오기를 기다렸습니다. 미친 사람은 목욕탕으로 들어갔고, 그 순간 선량한 사람은 기다렸다는 듯이 미친 사람에게 다가가 양동이에 담긴 뜨거운 물을 쏟아 붓고 그의 머리를 세게 내리쳤습니다.

그리고 삽을 들고 그의 머리와 몸을 계속해서 때렸습니다. 미친 사람은 자신이 죽을 것 같다고 생각했고 선량한 사람이 미쳤다고 믿었습니다.

그는 소리를 지르며 도망쳤고 길에서 만난 사람들에게 이렇게 말했습니다.

"여러분, 조심하시오! 목욕탕에 미친 사람이 있습니다!"

결국 미친 사람과 다툰 주인도 미치광이 취급을 당하게 된 것입니다. 백작님, 이웃들과 이렇게 지내십시오. 아주 친한 관계를 가진 이웃에게는 항상 친절하게 대하고 조금 귀찮게 해도 용서하셔야 합니다.

그가 필요로 할 때는 언제든지 도와주십시오. 하지만 이 모든 것을 그와의 유대와 애정 때문에 하는 것임을 알게 해야 합니다. 누가 시켜서 그렇게 한다거나 어쩔 수 없이 호의를 베푸는 것이 아님을 명심하게 하십시오.

반면에, 친밀하지 않은 사람에게는 아무것도 받지 말고 그의 악행을 참을 필요도 없습니다. 왜냐하면 나쁜 사람들은 두려움이나 이익 때문에 당신에게 잘 보이려는 것입니다.

혹시 그가 백작님을 위해서 무슨 일을 한다고 하면 그것은 자기를 위해서 하는 것이지 결코 백작님을 위한 것은 아니라고 분명히 일러두십시오. 진정으로 마음에서 우러나 좋아하는 것은 결코 아닙니다.

백작은 이 조언이 매우 좋다고 생각했고,
그것을 따랐으며 모든 일이 잘 풀렸다.

돈 후안은 자신의 책에 다음과 같은 구절을 썼다.

선은 항상 선한 행동으로 악을 이긴다.
못된 자는 상대해봤자
그 무엇으로도 이로울 게 없다.
그와 멀어지라.

콩과 콩 껍질을 먹게 된 부자

어느 날 루카노르 백작은 그의 조언자 파트로니오와 대화를
나누며 이렇게 말했다.

파트로니오, 신께서 나에게 베푸신 은혜가 너무나 커서 내가
그것을 모두 갚을 수 없다는 것을 알고 있소. 실제로 모든 면에
서 내 재산이 잘 정리되어 있고 명예도 유지하고 있지요. 하지
만 가끔씩 너무 가난하다는 생각에 짓눌려서 괴로울 때가 있소.

이에 파트로니오는 대답했다.
백작님, 그런 생각이 드실 때 위로가 될 만한 이야기를 하나
들려드리겠습니다.

두 명의 매우 부유한 남자에게 일어난 일이지요. 어느 마을에

내노라 하는 부자인 두 사내가 있었습니다. 그런데 그 중 하나
는 하는 일마다 실패하여 극심한 가난에 빠지고 말았지요. 결국
너무 가난해져서 먹을 것이 아무것도 남지 않았습니다. 입에 풀
칠할 것조차 구하지 못했지만 겨우 구할 수 있었던 것은 약간
의 쓴 렌틸콩 뿐이었습니다.

  그는 자신이 한때 얼마나 부유했었는지 떠올리며 지금은 굶
주림과 궁핍 때문에 맛도 없고 떫은 렌틸콩을 먹어야 한다는
사실에 눈물이 흘렀습니다. 하지만 배고픔을 이기지 못해 눈물
을 흘리며 렌틸콩을 먹기 시작했고 까서 먹으면서 껍질을 뒤로
던졌습니다.

  그때 누군가 그의 뒤에서 그가 버린 렌틸콩 껍질을 먹고 있
는 것을 보았습니다. 그 광경을 보고 그는 왜 껍질을 먹고 있
는지 궁금해서 뒤돌아봤습니다. 놀랍게도 그 남자는 부자였던 두
사내 중 다른 한 사람이었습니다.

  그는 콩 껍질을 주어먹는 사내에게 어쩌다 이런 지경이 되었
느냐고 물었습니다. 그러자 남자가 말했지요.

  "한때는 내가 자네 보다 더 부자였지. 그런데 그 많던 재산을
다 날리고 이젠 끼니를 채우지도 못하게 되었다네. 오늘도 먹을

것을 찾아다니다가 자네가 버린 콩 껍질을 보고 얼마나 반가웠는지 몰라."

렌틸콩을 먹던 남자는 자신보다 더 불행한 사람이 있다는 사실에 남모를 위안을 얻고 다시 힘을 내어 결국 가난을 극복할 수 있었습니다. 시간이 지남에 따라 더 부유해졌으며 불행한 상태에서 벗어나 아주 행복하게 살았다고 합니다.

백작님, 이 이야기를 통해 세상의 이치가 그렇다는 것을 아셔야 합니다. 신은 누구도 모든 것을 가질 수 있게 하시지 않습니다. 지금 당신은 존경받고 명예를 지키고 있습니다. 가끔 돈이 부족하거나 어려움을 겪을 때가 있어도, 희망을 잃지 마십시오. 당신보다 더 부유하고 존경받는 사람들도 어려움을 겪은 적이 있으며, 더 가난하게 사는 사람이 있음을 기억하십시오.

루카노르 백작은 파트로니오의 말에 위안을 얻었다.
다시 힘을 내어 노력했으며 우울감에서 벗어날 수 있었다.
돈 후안은 다음과 같은 구절을 남겼다.

아무리 가난하다 해도 상관없다.

세상에는 당신보다 더 가난한 사람들이 많다.

가난으로 낙담하지 말라.

자신의 처지를 스스로 공격하지 말라.

나보다 가난한 자를 떠올릴 때

용기와 열정은 안에서부터 일어난다.

어디까지 도와야 하는가!

루카노르 백작은 그의 조언자 파트로니오와 대화를 나누며 그에게 말했다.

파트로니오, 어떤 사람이 나에게 도움을 요청하며 그 대가로 내게 큰 이익과 명예를 가져다줄 것이라고 약속했소. 그래서 나는 그를 돕기 시작했다오. 그러나 그 일이 거의 마무리될 무렵, 내가 그의 도움이 필요할 일이 생겼소. 그에게 부탁했지만 그는 핑계를 대며 도움을 주지 않았소. 그 후 다시 한 번 그가 나를 도와줄 수 있는 기회가 있었는데 또다시 핑계를 댔소.

그는 내가 부탁할 때마다 항상 그렇게 핑계를 대며 도와주지 않았다네. 그런데 그가 내게 도움을 청한 문제는 아직 해결되지 않았고 내가 원하지 않으면 절대 해결되지 않을 것이오. 이제 당신의 지혜를 믿고 이 상황에서 어떻게 해야 할지 조언을 구하고 싶소.

그러자 파트로니오는 말했다.

백작님, 이 문제에 대해 올바르게 처리하기 위해 제가 산티아고의 대리 주교와 톨레도의 위대한 학자 돈 일린(Don Yllan) 사이에 일어난 이야기를 들려드리고 싶습니다.

산티아고에 주술에 능통한 대리 주교가 있었는데 그는 톨레도의 돈 일린이 이 학문에 대해 누구보다도 더 뛰어나다는 소문을 들었습니다. 그래서 그 학문을 배우기 위해 톨레도로 갔으며 도착하자마자 곧장 돈 일린의 집으로 향했습니다. 그 시각 돈 일린은 방에서 조용히 책을 읽고 있었습니다. 그가 도착하자 돈 일린은 그를 따뜻하게 맞이했지만 식사를 하기 전까지는 그가 온 이유에 대해 이야기하지 말자고 했습니다.

돈 일린은 대리 주교를 환대하며 편안한 숙소와 필요한 모든 것을 제공했고 대리 주교가 온 것을 기쁘게 생각한다고 전했습니다. 식사를 마친 후, 대리 주교는 돈 일린을 따로 불러 자신이 온 이유를 설명하며 학문을 가르쳐달라고 간청했습니다.

그는 학문을 배우고 싶은 열망이 매우 컸습니다. 돈 일린은 대리 주교가 크게 성공할 수 있지만 높은 지위에 있는 사람들은 원하는 것을 얻게 되면 다른 사람들이 도와준 일을 잘 잊어버린다고 답했습니다. 그래서 돈 일린은 대리 주교가 자신이 원하는 것을 배우게 되면 약속을 지키지 않을까 걱정한다고 말했습니다. 그러나 대리 주교는 '자신의 모든 자원과 지위로부터 나오는 그 무엇이든, 그가 원하는 대로, 사용할 수 있도록 하겠다'고 약속하며 안심시켰습니다. 그들은 점심시간부터 저녁시간까지 계속 이야기를 나누었고 결국 합의를 보았습니다.

돈 일린은 그 학문을 배우기 위해서는 외딴 곳에서 머물러야 한다고 말하며 그날 밤에 그 장소로 데려가겠다고 했습니다. 그는 학장의 손을 잡고 방으로 안내한 후 하녀를 불러 저녁 식사로 메추라기를 요리하도록 명했습니다. 하지만 자신이 명령하기 전까지는 요리를 시작하지 말라고 했습니다. 그런 다음 대리 주교를 불러 정교하게 조각된 돌계단을 따라 내려갔고 다소 먼 거리까지 걸어갔습니다.

그들이 도착한 곳은 편안한 숙소와 연구를 위해 사용할 책들이 가득한 잘 꾸며진 방이었습니다. 자리에 앉자마자 어떤 책을 먼저 읽을지 논의하기 시작했습니다. 그렇게 함께 공부를 하던 중 두 명의 남자가 문 앞에 나타났습니다. 대리 주교에게 그의 삼촌인 주교로부터 온 편지를 전했습니다. 그 편지에는 삼촌이 매우 아프다는 내용이 담겨 있었습니다. 또한 살아 있는 동안 그를 만나려면 당장 와야 한다고 적혀 있었습니다.

대리 주교는 이 소식에 큰 충격을 받았으며 삼촌의 병환에 마음이 아팠습니다. 동시에 시작한 공부를 포기해야 할 수도 있다는 두려움에 사로잡혔습니다. 그러나 그는 그가 시작한 흥미로운 연구를 중단하지 않기로 결심하고 삼촌에게 답장을 써서 보냈습니다.

며칠 후, 다른 사람들이 대리주교에게 주교가 사망했다는 소식과 함께 편지를 들고 왔습니다. 아울러 성당의 성직자들이 선거에 참여하고 있다는 소식을 전했습니다. 그리고 신의 뜻이라면 그가 주교로 선출될 것이라는 내용이었습니다.

일주일 후에 매우 잘 차려입고 훌륭하게 장비를 갖춘 두 명의 시종이 도착했습니다. 그들은 대리 주교에게 다가가 그의 손에 입을 맞추고 그가 주교로 선출되었다는 내용을 담은 편지를 보여주었습니다.

이 소식을 들은 돈 일린은 신께서 대리 주교에게 베풀어주신 은혜에 감사하며 공석이 된 대리 주교직을 자신의 아들에게 넘겨줄 것을 요청했습니다. 새로운 주교는 그 직책을 자기 동생에게 맡기고 싶다고 했습니다. 하지만 그는 얼마 전에 학문을 전해 주는 조건으로 돈 일린에게 무엇으로든 확실히 보답하겠다고 약속했습니다. 하지만 주교는 돈 일린에게 아들과 함께 산티아고로 가자고 요청했습니다. 돈 일린은 이에 동의하고 그들은 떠났습니다.

그들이 산티아고에 도착했을 때 많은 존경이 담긴 환영을 받았습니다. 그곳에 머무른지 얼마 지나지 않아 교황의 사절들이 주교에게 와서 그를 톨로사의 대주교로 임명한다는 소식을 전했습니다. 대주교가 된다는 것은 주교직을 원하는 누구에게든 맡길 수 있는 권한을 가지는 것이었습니다.

돈 일린은 이 소식을 듣자마자 이전에 있었던 일을 언급하며 이번에는 주교직을 자신의 아들에게 맡겨달라고 요청했습니다. 하지만 대주교는 그 직책을 자기 아버지의 형제 중 한 명에게 맡기려 한다고 말했습니다. 돈 일린은 자신에게 큰 부당함이 있음을 깨달았지만 훗날 보상하겠다는 조건을 걸기에 마지못해 동의했습니다. 대주교는 그에게 충실히 약속을 지키겠다고 맹세하며 그로부터 학문을 계속 전수받아갔습니다.

그들이 톨로사에 도착했을 때 그곳의 백작과 귀족들로부터 매우 환대받았습니다. 그곳에서 2년을 보낸 후, 교황의 사절들이 도착하여 대주교가 추기경으로 임명되었으며 그가 원한다면 톨로사의 대주교직을 누구에게든 넘길 수 있다고 했습니다. 돈 일린은 추기경에게 그동안 약속을 지키지 않은 것들을 상기시키며 이제는 자신의 아들에게 그 직책을 맡기지 않을 이유가 없다고 말했습니다.

하지만 추기경은 그 직책을 자신의 나이 많은 외삼촌에게 맡겨버렸습니다. 그가 이제 추기경이 되었으니 함께 교황청으로 가자고 했으며 그곳에서 무엇이든 해 수 있는 기회가 많을 것이라고 말했습니다. 돈 일린은 이에 대해 크게 불평했지만 결국 추기경의 제안을 받아들여 함께 교황청으로 갔습니다.

그들이 교황청에 도착했을 때 그곳의 추기경들과 다른 사람들로부터 매우 환대받으며 오랜 시간을 보냈습니다. 그리고 매일 돈 일린은 추기경에게 자신의 아들을 위해 무언가를 해달라고 계속 요청했습니다. 그러던 중 교황이 사망했고 추기경들은 예전 대리 주교였으나 최근에 추기경이 된 그를 새 교황으로 선출했습니다. 돈 일린은 그에게 가서 이제 더 이상 약속을 지키지 않을 변명은 없을 것이라고 말했습니다.

그러나 교황은 너무 강하게 요구하지 말라고 하며 적절한 기회가 오면 은혜를 갚을 수 있을 것이라고 말했습니다. 하지만 돈 일린은 모든 학문을 전수해 오며 오랜 기간, 그가 했던 수많은 약속들을 상기시켰습니다. 처음 이야기했을 때 이미 이런 일이 벌어질까 두려웠는데 이제 최고 자리에 올랐음에도 약속을 지키지 않는다면 더 이상 그에게서 어떤 혜택도 기대할 수 없다고 크게 항의했습니다.

교황은 이 항의를 물리치며 그를 괴롭히기 시작했습니다. 교황은 돈 일린이 계속 불평을 한다면 그를 이단자이자 마술사로 몰아 감옥에 가두겠다고 위협했습니다. 교황은 그가 톨레도에서 마법을 연구하는 것 외에는 직업이 없다는 사실을 잘 알고 있었습니다. 돈 일린은 교황이 자신에게 보답해 준 방식이 매우 나쁘다는 것을 깨닫고 작별을 고했습니다. 그러나 교황은 떠나는 사람에게 여행에 필요한 식량조차 주지 않았습니다.

돈 일린은 교황에게, 먹을 것이 없으니 그들이 처음 만난 날 저녁으로 준비했던 메추라기를 먹고 떠나겠다고 말했습니다. 그리고 하녀에게 메추라기 요리를 만들라고 명했습니다.

이 말을 듣자마자 교황은 갑자기 처음 톨레도에 주술을 공부하러 왔을 때의 대리 주교로 돌아가 있었습니다. 이 순간, 그가 느낀 수치심은 너무 커서 할 말을 잃고 말았습니다.

돈 일린은 그가 어떤 사람인지 제대로 알게 됐으니 바로 떠나겠다고 말했습니다. 만약 대리 주교가 이 메추라기를 나눠 먹는다면 그것은 낭비일 것이므로 나눌 생각이 없다는 말을 덧붙이고 식사를 마치고는 아들과 함께 주교를 영원히 떠났습니다.

루카노르 백작님께서도 지금까지 그 사람을 계속 도와주었습니다. 하지만 그가 감사하지 않고 있다면 위험을 감수하면서까지 많은 일을 해주지 마십시오. 여기서 멈추지 않으면 돈 일린이 대리 주교에게 받은 보답과 마찬가지의 결과를 맞이하게 될 것입니다.

루카노르 백작은 이 조언이 좋다고 생각했고,
그것을 받아들여 많은 도움을 얻었다.
그리고 돈 후안은 다음의 구절을 썼다.

지금도,

은혜를 모르는 자는,

훗날 높은 자리에 오르더라도

결코 제대로 보답하지 않을 것이다.

오히려 조롱하거나

모른 척 하는 사람이 되는 경우도 많다.

그를 멀리 하라.

조심해야 할 사람

어느 날, 루카노르 백작이 그의 조언자인 패트로니오에게 말했다.

패트로니오, 매우 영리한 사람들도 있고 덜 영리한 사람들도 있는데, 가끔 그들이 내 재산에 피해를 주고 내 사람들을 괴롭히네. 하지만 정작 만나면 그들은 어쩔 수 없이 그렇게 했고 큰 어려움과 걱정 때문에 그렇게 할 수밖에 없었다며 미안해하는 척하네. 이런 상황에서 내가 어떻게 대응해야 할지 자네의 의견을 듣고 싶소.

그러자 패트로니오가 말했다.

백작님, 제가 드릴 조언은 한 남자가 메추라기를 잡으려다 겪은 일과 관련이 있습니다. 어떤 남자가 메추라기를 잡기 위해 그물을 쳤습니다. 메추라기들이 그물에 걸리자 그 남자는 그물을 향해 다가갔고 잡힌 메추라기들을 하나씩 죽여 그물에서 꺼냈습니다.

그런데 그가 메추라기를 죽이는 동안, 바람이 강하게 불어와 그의 눈에서 눈물이 나기 시작했습니다. 그물 안에 아직 살아있는 메추라기 하나가 다른 메추라기들에게 말했습니다.

"친구들, 이것 좀 보시오. 이 사람이 우리를 죽이면서도 우리를 불쌍히 여겨 눈물을 흘리고 있소!"

하지만 그물을 피해 살아남은 똑똑한 메추라기가 이렇게 대답했습니다.

"이것 보시오.
나는 그물에 걸리지 않게 구해주신 것에 대해 신께 감사하고 있소. 나는 앞으로도 우리를 죽이려 하면서도 미안하다는 척하는 자에게 나와 내 친구들을 잡히지 않을 수 있도록 보호해달라고 기도할 것이오."

백작님에게 피해를 끼치고는 미안하다고 말하는 사람을 조심하셔야 합니다. 백작님께 친절과 호의를 베푼 적이 있는 자가 실수로 피해를 입혔는데 진심으로 미안해한다면, 그 일을 너그럽게 넘기시길 권합니다.

그의 평소의 태도를 보시고 그 행동이 불가피했으며 진실로 마음 아파한다고 판단되면 눈감아주십시오.

다만 그 사람이 앞으로는 그렇게 하지 않도록 주의하시기 바랍니다. 그러나 만약 실수하는 일이 자주 있어서 백작님께 화를 입히거나 명예를 훼손케 해서는 안 됩니다. 백작님에게 다시 해를 끼치려 한다면 백작님의 재산과 명예가 항상 안전하도록 대응하셔야 합니다.

계속 그런 행동을 하는 자가 있다면 멀리 내쳐서 재산과 명예를 보존하시기 바랍니다.

백작은 패트로니오의 조언이 좋다고 생각해
그에 따라 행동했고, 많은 이익을 얻었다.
돈 후안은 다음과 같은 시를 적었다.

당신을 해칠 의도는 없는 사람으로부터

자신을 지키되 신중하게 하라.

괴로운 척하며 해를 끼치는 자를 만나게 되면

그를 멀리할 궁리를 하라.

성격이 거칠고 사나운 신부 길들이기

루카노르 백작은 그의 조언자 파트로니오와 대화를 나누며 말했다.

파트로니오, 내 부하 중 한 명이 자신과 사회적 지위가 더 높은 매우 부유한 여자와 결혼이 성사될 것이라고 말했소. 그는 이 결혼이 좋은 결혼이라고 생각하지만 단 한 가지 문제가 있다고 하오. 그 여자가 이 세상 어떤 여자보다도 성격이 거칠고 괴팍하다는 것이지. 이제 나는 그에게 이 여자와 결혼을 하라고 해야 할지, 하지 말아야 할지 당신의 조언을 구하고 싶소."

백작의 말을 듣고 파트로니오는 어느 선한 아랍인의 아들이 결혼하게 된 이야기를 들려주었다.

만약 그가 어떤 아랍인의 아들처럼 행동할 수 있다면 결혼하라고 하십시오. 그렇지 않다면 결혼하지 않는 것이 좋습니다.

　어느 마을에 훌륭한 한 남자가 있었습니다. 그에게는 매우 훌륭한 아들이 있었으나, 워낙 가난해서 자신이 하고 싶은 일을 할 수 없었습니다. 성공하고자 하는 강한 욕망이 있었지만 여건과 수단이 부족했기 때문에 한껏 풀이 죽어 지내고 있었습니다.

　같은 마을에 아버지보다 더 부유하고 명망 높은 또 다른 아랍인이 있었는데 그 사람에게는 외동딸이 있었습니다. 그 딸은 젊은 남자와 완전히 반대되는 성격이었습니다. 젊은 남자가 유순한 성격을 가진 반면, 그녀는 성격이 사납고 성질이 고약했습니다. 그래서 아무도 그녀와 결혼하려고 하지 않았습니다.

　어느 날 그 선량한 청년은 아버지에게 가서 자신의 처지에 대하여 말했습니다. 자신이 부유하지 않고 물려받을 유산도 없으니 가난하고 궁핍한 삶을 살 수밖에 없을 것이니 이 나라를 떠나야 할지도 모르겠다고 말했습니다. 이렇게 살 바에는 어쩌면 좋은 혼처를 찾아 결혼하는 것이 새로운 길이 될 수 있을 거라도 했습니다.

　그의 아버지는 좋은 여자를 만날 수만 있다면 괜찮은 생각이라고 말했습니다. 그러자 아들은 아버지에게 모두가 알고 있는 그 괴팍한 여인과 결혼할 수 있도록 주선해 달라고 부탁했습니다.

아버지는 이 말을 듣고 크게 놀라며 아무리 가난한 그 누구도 그녀와 결혼하려 하지 않는데 어떻게 그런 생각을 할 수 있느냐고 물었습니다. 하지만 아들은 결혼을 주선해 달라고 간청하며 고집을 부렸고 결국 아버지는 그 결혼이 미친 짓이라고 생각하면서도 아들의 뜻을 따르기로 했습니다.

그래서 그는 친구이자 명망 높은 남자에게 가서 자신의 아들이 친구의 딸과 결혼하고 싶어 한다고 말했습니다. 아들이 그녀와 결혼할 용기를 내었으니 청혼을 들어줄 수 있기를 바란다고 했습니다. 남자는 이 말을 듣고 대답했습니다.

"친구여, 제발, 내가 그렇게 한다면 나는 좋은 친구라고 할 수 없을 것이네. 자네 아들은 훌륭한 청년이네. 그를 다치거나 죽게 놔두는 것은 옳지 않네. 만약 내 딸과 결혼하게 되면 그는 분명 죽거나 죽기를 원할 거라네.

하지만 자네가 내가 거절할 핑계를 대는 것이 아니라고 생각하지 않도록, 자네가 진정으로 원한다면 자네 아들이든 다른 사람이든 기꺼이 내 딸과 결혼하게 해주겠네."

아버지는 그의 제안에 감사했지만 아들이 결혼을 원하고 있으니 부탁대로 해 달라고 했습니다. 결국 선량한 청년과 괴팍한 처녀는 결혼식을 치렀습니다. 그리고 신부를 신랑의 집으로 데려갔습니다. 그 지역 아랍인의 관습은 젊은 부부의 식사를 준비하고 테이블을 차려놓은 뒤 다음 날 아침까지 그들을 두는 것이었습니다. 하지만 신부와 신랑의 부모들은 다음날 아침 신랑이 신부 때문에 크게 다칠까봐 두려워하며 돌아가야 했습니다.

그날 밤 그들이 단둘이 남았을 때 부부는 테이블에 앉았습니다. 아내가 무슨 말을 하기도 전에 남편은 집안을 둘러보다 개를 보더니, 거칠게 소리쳤습니다.

"개야, 손을 씻을 물을 가져와라."

그러나 개는 아무것도 하지 않았습니다. 그러자 그는 화를 내기 시작하며 더 거칠게 개에게 물을 가져오라고 명령했습니다. 개는 여전히 아무 반응을 보이지 않았습니다. 그러자 화를 내며 테이블에서 일어나 검을 들고 개에게 달려갔습니다. 개가 그를 보고 달아나기 시작했고 신랑은 개를 쫓아 카펫 위, 테이블 위, 불가로 뛰어다녔습니다.

결국 젊은 남자는 개를 붙잡고 그 머리와 다리를 잘라냈습니다. 피가 집 안과 커튼, 테이블에 튀었습니다. 여전히 분노에 찬 채 피투성이가 된 그는 다시 자리에 앉아 집안을 둘러보았습니다. 이번엔 고양이를 발견하고는 고양이에게 물을 가져오라고 명령했습니다. 그러나 고양이도 아무것도 하지 않았습니다. 그는 소리쳤습니다.

"이 배신자야, 내가 개에게 무슨 짓을 했는지 보지 못했느냐? 네가 이따위로 계속하면 너도 개처럼 만들어 버리겠다!"

그는 개에게 소리쳤던 것보다 더 큰 소리로 고양이에게 소리쳤습니다. 그러나 고양이는 아무 행동도 하지 않았습니다. 그는 고양이를 붙잡아 벽에 내던져 버렸습니다. 고양이는 바로 죽어 버렸습니다. 그러고 나서 그는 더욱 광폭한 얼굴로 다시 자리에 앉아 주위를 둘러보았습니다. 아내는 그가 미쳤거나 제정신이 아니라고 생각하며 아무 말도 하지 않았습니다.

그가 다시 주위를 둘러보다가 그의 유일한 말 한 마리가 서 있는 것을 발견했습니다. 그는 말에게도 물을 가져오라고 거칠게 명령했습니다. 말은 아무것도 하지 않았습니다. 그러자 그는 말했습니다.

"내가 가진 유일한 말이라고 해서 네가 내 말을 듣지 않을 거라고 생각하지 마라. 네가 내가 시키는 대로 하지 않으면 너도 개나 고양이처럼 될 것이다! 내가 내 명령을 따르지 않는 생명체는 전부 똑같이 대할 것이다!"

말은 가만히 있었습니다. 그가 말이 명령을 따르지 않는 것을 보고는 다시 화가 나서 말의 머리를 잘라내며 광적인 분노를 표출했습니다. 그는 말의 목을 베어버리고 몸의 나머지 부분을 여러 부분으로 잘라 버렸습니다. 아내는 그가 유일한 말을 죽였다는 것을 보고, 그가 누구든 복종하지 않으면 똑같이 하겠다고 말하는 것을 들었을 때, 이 일이 농담이 아니라는 것을 깨달았습니다. 그녀는 너무 두려워서 자신이 살아 있는지 죽어 있는지조차 몰랐습니다. 남편은 여전히 분노에 차 있고 피투성이가 된 채로 다시 자리에 앉아 말했습니다.

"일어나서 내가 손 씻을 물을 가져오시오."
아내는 자신이 무슨 화를 당할지도 모르는 두려움을 느끼면서 서둘러 일어나 물을 가져왔습니다. 그는 말했습니다.

"내가 시킨 대로 해서 다행이오. 그렇지 않았으면 내가 다른 이들에게 한 것처럼 당신에게도 똑같이 했을 것이오."

그 후 그는 아내에게 음식을 차리라고 명령했고 그녀는 그대로 했습니다. 그가 무슨 말을 할 때마다 그녀는 자신의 목숨이 끝났다고 생각했습니다. 그날 밤 그들은 그렇게 지냈습니다. 아내는 한마디도 하지 않았고 남편이 말하는 대로 따랐습니다. 그들은 잠에 들었고 잠시 후 남편이 말했습니다.

"오늘밤에는 내가 너무 화가 났었던 모양이오. 지금까지 잠을 제대로 잘 수가 없었소. 그러니 아침에 아무도 나를 깨우지 않도록 신경을 쓰시오. 그리고 일어나자마자 아침을 먹을 수 있도록 준비해 놓도록 하시오."

다음 날 아침, 양가 부모들과 친척들이 문으로 찾아왔습니다. 그들은 안에서 아무런 소리도 들리지 않자 신랑이 죽었거나 다쳤을 것이라고 생각했습니다. 그들이 안을 들여다보았을 때 신부는 보였지만 신랑은 보이지 않았습니다. 그래서 그들은 더욱 확신하게 되었습니다. 신부가 그들을 보고 조용하고 두려운 목소리로 말했습니다.

"쉿, 조용히들 하세요. 이렇게 떠들다가 그이가 깨기라도 하는 날이면 우리 모두 그 사람 손에 줄초상이 날 거라고요."

그 말을 들은 그들은 크게 놀랐습니다. 사건의 경위를 간단히 듣고 나서, 사람들은 젊은 남자가 집안을 다스릴 줄 아는 훌륭한 사람이라고 생각했습니다. 그날 이후 아내는 세상에서 가장 순한 여자가 되었습니다. 남편에게 잘 순종했고 그들은 행복한 결혼 생활을 했습니다.

며칠 후, 신부의 아버지도 자신의 사위가 했던 일을 따라 해 보려고 결심하고 집에 있는 닭을 죽였습니다. 그러나 그의 아내가 말했습니다.

"이제 와서 뭐 하려고 그러시오. 당신은 이미 늦었어요. 말백 마리를 죽인다고 이제 와서 내가 신경이나 쓰겠소? 처음부터 그랬어야지. 이제 우리는 서로를 너무 잘 알고 있잖소."

만약 백작님의 부하가 이 젊은 남자와 같은 사람이라면 괴팍한 성격의 여인과 결혼하라고 하십시오. 그는 확실히 가정을 다스릴 줄 알 것입니다. 그러나 그렇지 않다면 결혼하지 않는 것이 낫습니다. 그리고 더 나아가 만일 백작님이 사람들과 함께 어떤 일을 하신다면 백작님에게 함부로 대할 수 없다는 것을 처음부터 깨우쳐주셔야합니다.

백작은 이 조언이 좋다고 생각했고,
그것을 받아들여 이익을 얻었다.
돈 후안은 책에 다음과 같은 시를 썼다.

처음부터 규칙을 세우고 사람들을 다스려라.
기준을 세우고 스스로 무너뜨리지 말라.

당신이 어떤 사람인지 처음부터
확실하게 해 놓지 않으면
나중에 아무리 바로잡으려 해도 소용이 없다.

재물을 탐한 자의 심장이 발견된 곳

 루카노르 백작이 자신의 거처에서 조언자 패트로니오와 이야기를 나누고 있었다.

 패트로니오, 나는 가능한 한 많은 재산을 쌓아야 한다는 조언을 들었네. 그리고 무슨 일이 있어나도 재물이 가장 유용할 거라고 하더군. 자네는 이 의견에 대해 어떻게 생각하는지 말해주게.

 패트로니오는 이렇게 대답했다.

 백작님, 많은 귀족들이 여러 가지 이유로 재산을 모으는 것이 중요하다고 생각할 수 있겠지만, 그 과정에서 자신의 능력을 잘못 쓰면서까지 재산을 늘려야 한다고 생각하지 마십시오.

 재물을 끌어 모으는데 급급하여 부하를 괴롭히며 나라를 욕되게 해서는 안됩니다. 그렇게 하면 백성을 위한 의무를 다하지 못하고 명예나 영토를 지키지 못할 수도 있기 때문입니다.

만약 그렇게 된다면, 백작님도 볼로냐에서 일어난 롬바르드인 (이탈리아 북부에서 주로 활동했던 게르만족의 한 갈래)의 경우처럼 될 수 있습니다.

백작이 무슨 일이 있었는지 물었고 패트로니오가 대답했다.

볼로냐에 한 롬바르드인이 살았는데 그는 엄청난 재산을 모았고 그 돈이 좋은 출처에서 왔는지 신경 쓰지 않았습니다. 오직 가능한 모든 방법을 동원해 돈을 모으는 데만 집중했죠.

그런데 그 롬바르드인은 치명적인 병에 걸렸고 그의 죽음에 가까워졌을 때 그의 친구 중 한 명이 그에게 성 도미니크 (Dominic)에게 고해성사를 하라고 조언했습니다. 그는 그 조언을 받아들였고 성 도미니크에게 사람을 보냈습니다. 하지만 성 도미니크는 악한 사람이 자신이 저지른 죄에 대한 벌을 피하는 것은 신의 뜻이 아니라고 느꼈습니다. 그래서 그는 직접 가지 않고 대신 다른 사제를 보냈습니다.

롬바르드인의 여러 아들은 성 도미니크가 그들의 아버지에게 영혼의 구원을 위해 재산을 기부하라고 할까 봐 매우 걱정했습니다. 그렇게 되면 자신들에게 남겨질 유산이 없을 것이라고 생각했죠.

사제가 왔을 때 여러 아들은 아버지가 고열로 땀을 뻘뻘 흘리고 있으니 조금 괜찮아지면 다시 부르겠다고 말했습니다. 얼마 지나지 않아 그 롬바르드인은 말을 할 수 없게 되었고 결국 자신의 영혼을 위해 해야 할 일을 아무것도 하지 못한 채 죽었습니다.

다음 날 그를 땅에 묻기 위해 사람들이 모였을 때 그들은 성 도미니크에게 그에 대해 설교해 달라고 요청했습니다. 성 도미니크는 설교를 하며 복음의 말씀 가운데 '네 보물이 있는 곳에 네 마음도 있다'를 인용했습니다. 이 구절은 보물이 있는 곳에 사람의 관심과 애정이 기울어진다는 의미로, 재물이나 소유에 지나치게 얽매이지 말라는 교훈을 담고 있습니다. 성 도미니크는 이 말을 한 후, 사람들에게 이렇게 말했습니다.

"여러분,
이 복음의 말씀이 진실임을 증명하기 위해
이 사람의 심장을 확인해 보십시오.
그의 심장은 그의 몸이 아니라
그가 돈을 보관했던 상자 안에 있을 겁니다."

사람들이 그의 몸에서 심장을 찾았지만 찾을 수 없었고 대신 그의 돈이 있던 상자 안에서 심장을 발견했습니다. 그 심장은 징그러운 벌레로 가득 차 있었고 고약한 악취를 풍기고 있었습니다. 사람들은 이 일이 어떻게 일어날 수 있는 일인가 하고 신에게 경의를 표하고 돌아갔습니다.

그러니 백작님, 재산을 모으는 것이 좋은 일일지라도 두 가지를 조심하십시오. 첫째, 모은 재산이 좋은 출처에서 온 것인지 확인해야 합니다. 즉, 그것을 얻게 된 경위가 정당한 것이어야 합니다.

둘째, 재산에 마음을 너무 빼앗겨 자신이 해야 할 일을 소홀히 하지 않도록 하십시오. 명예와 의무를 저버리지 말고 올바른 행동으로 참된 재물을 쌓으십시오. 그럼으로써 신의 축복과 더불어 사람들로부터 존경을 받으실 것입니다.

백작은 패트로니오의 충고를 매우 마음에 들어 했고,
그에 따라 행동하여 많은 이득을 얻었다.
돈 후안은 다음과 같은 구절을 썼다.

정직하게 부와 명예, 재산을 모으라.

올바른 방법으로,

올바르게 나에게 온 그것들을 가지라.

모든 부정하게 얻은 것은

결국 그 주인을 배신할 것이다.

제안을 판단해야 할 때

어느 날, 루카노르 백작이 그의 조언자인 파트로니오에게 이렇게 말했다.

파트로니오, 어떤 사람이 나에게 매우 기뻐할 만한 일을 해주겠다고 했네. 그런데 그의 말투가 워낙 성의 없어서 솔직히 내가 이 제안을 받아들이지 않기를 그가 바라는 것처럼 느껴지네.

한편으론 그 제안을 받아들이고 싶지만 그가 그렇게 열의가 없으니 받아들여도 될지 망설여지네. 자네의 지혜로운 생각으로 내가 이 상황에서 어떻게 해야 할지 조언해주게.

파트로니오가 말했다.

백작님께 이익이 될 만한 일을 하려면 어떤 남자가 저녁 초대를 받은 이야기부터 들어보시길 바랍니다.

한때 부유했던 한 선량한 남자가 있었는데 그가 어느 순간 가난에 빠졌습니다. 하지만 그 남자는 음식을 구걸하는 것이 부끄러워 아무에게도 도움을 청하지 않았지요. 그래서 그는 자주 배가 고파 고통을 겪었으며 어느 날 굶주림으로 힘들어하며 거리를 걷고 있었습니다.

그때 그는 잘 아는 지인의 집 앞을 지나가게 되었는데 그 지인은 그때 저녁을 먹고 있었습니다. 지인은 그가 지나가는 것을 보고 반반의 마음을 가진 태도로 그를 저녁에 초대했습니다. 배고픔에 지친 남자는 손을 씻고 말했습니다.

"이렇게 초대해 주시니, 사양하는 것은 도리가 아니지요."

그렇게 그는 식탁에 앉아 배고픔을 해소하고 오랜 고통에서 벗어났습니다. 하늘이 그를 도와 굶주림에서 구해주셨던 것입니다.

백작님, 지금 그 사람이 제안한 일이 백작님께 큰 이익이 될 것이라고 생각하신다면 그 사람의 성의 없는 태도는 신경 쓰지 말고 그 제안을 받아들이십시오. 그가 다시 권하기를 기다릴 필요는 없습니다.

그 사람이 더 적극적으로 제안을 할 때까지 기다렸지만 그가 다시 제안하지 않으면 어떤 일이 벌어지겠습니까?

백작님이 먼저 그 일을 부탁해야 하는 상황이 생길 것이며 백작님의 입장이 오히려 더 난처해질 수 있습니다.

백작은 이 조언이 좋다고 생각하고
그대로 행동해 이익을 얻었다.
돈 후안은 다음과 같은 구절을 썼다.

이익을 구해야 하는 상황이라면
태도와 자존심을 먼저 내세우지 말라.
그리고
제안이 왔을 때 망설이지 말라.

누구와 먼저 싸워야 하는가!

어느 날, 루카노르 백작은 그의 조언자인 파트로니오에게 이렇게 말했다.

나는 지금 난처한 입장에 처해 있소. 한 이웃과 다툼이 있소. 그 사람은 매우 강하고 명망 있는 사람이지. 우리는 한 마을에 먼저 도착하는 사람이 그곳을 차지하고 늦게 도착하는 사람이 패배하는 방식으로 승부를 가리기로 합의했네.

내 병사들은 이미 모였고 내가 그곳에 간다면 신의 가호로 큰 명예와 이익을 얻게 될 것이라 확신하고 있네. 그런데 지금 몸이 좋지 않아 그곳에 가지 못할 것 같다네.

마을을 잃는 것은 큰 손실이겠지만 그 사람이 얻게 될 명예를 내가 놓치게 되는 것이 더 마음에 걸리네. 대결에 져서 잃게 되는 불명예가 나를 괴롭힐 것 같네. 자네의 지혜를 믿고 있으니 어떻게 해야 할지 조언을 구하고 싶구려.

파트로니오는 이렇게 말했다.

백작님, 분명히 걱정할 만한 상황이지만 제가 드릴 이야기가 있습니다. 페로 멜렌데스 데 발데스(Pero Melendez de Valdes)라는 사람이 겪은 일을 들어보시지요.

그는 레온 왕국의 아주 명망 높은 귀족이었고 무슨 일이 일어나든 '신께서 하신 일은 모두 최선이다'라는 말을 습관처럼 했습니다. 그는 레온(Leon) 왕의 측근이었는데 그를 질투하던 사람들이 왕에게 그를 모함하여 죽이도록 설득했습니다. 그렇게 간신들의 중상모략으로 왕의 미움을 사게 되어 사형에 처해졌습니다.

그러던 어느 날, 페로 멜렌데스에게 왕의 부름이 있었습니다. 왕의 명령을 따라 그를 죽이려는 사람들이 그의 집에서 반 레구아(약 2킬로미터) 떨어진 곳에서 기다리고 있었습니다. 하지만 페로 멜렌데스는 왕에게 가기 위해 말을 타려고 현관이 있는 1층으로 내려가는 도중, 계단에서 떨어져 다리가 부러지고 말았습니다. 함께 있던 사람들이 이를 보고 비웃으며 말했습니다.

"페로 멜렌데스, 그대는 항상 신께서 하시는 일이 최선이라고 말하더니, 이번에는 신께서 그대에게 이런 일을 주셨구려!'

이에 페로 멜렌데스는 그들에게 말했습니다.
"비록 그대들이 나를 비웃고 있지만, 이번 일이 결국엔 신의 뜻이었고, 그 뜻이 최선일 것이라 믿소."

페로 멜렌데스를 죽이려 했던 자들은 그가 오지 못하는 이유가 다리를 다쳤기 대문이라는 소식을 듣고 왕에게 보고했습니다. 그 후 오랫동안 페로 멜렌데스는 다리 부상으로 움직일 수 없었습니다.

그가 회복하는 동안 왕은 그에게 씌워진 혐의가 거짓임을 알게 되었고 그를 모함한 자들을 체포했습니다. 왕은 총애하던 신하를 죽일 뻔한 자신의 과오를 깨달았습니다. 직접 페로 멜렌데스를 찾아가 중상모략의 전말과 그를 죽이려 했던 것에 대해 사과했고 그에게 명예를 회복시켜 주며 많은 재물과 높은 관직으로 보상해 주었습니다. 결국, 그를 모함했던 자들을 사형에 처해졌습니다.

이렇게 해서 아무 죄가 없던 페로 멜렌데스를 신의 가호로 살아났고 그의 말처럼 '신께서 하시는 일은 모두 최선'이라는 것이 입증되었습니다. 백작님도 이번에 겪은 좌절을 탓하지 마시고 신의 뜻이 항상 최선임을 믿으십시오. 그러면 모든 일이 잘 풀릴 것입니다.

백작님, 세상에는 두 가지 종류의 문제가 있음을 알아야 합니다. 첫째, 사람이 해결할 수 있는 문제이고 둘째, 사람이 해결할 수 없는 문제입니다. 해결할 수 있는 문제에 대해서는 최선을 다해 해결책을 찾아야 하고 신의 뜻을 기다리거나 일이 저절로 풀리기를 바라서는 안 됩니다.

그런 것은 신을 시험하는 행위이기 때문입니다. 사람이 이성적이고 지혜를 가졌으니 모든 방법을 찾아야 합니다.

하지만 해결할 수 없는 문제가 생겼을 때는 그것이 신의 뜻임을 받아들이고 그 뜻이 최선임을 믿어야 합니다. 그리고 이번 일은 신의 뜻으로 이루어진 일이니, 신께서 백작님이 바라는 대로 모든 일을 이루어 주실 것입니다.

루카노르 백작은 파트로니오의 말이 옳다고 생각하고

그 충고를 받아들여 많은 이익을 얻었다.

돈 후안은 다음과 같은 시를 썼다.

우연히 닥친 불운 앞에서
물러설 줄도 알아야 한다.

태풍을 막아서야
모든 것을 얻는 것이 아니다.

복수를 위해 찾아온 자를 멀리하라

어느 날, 루카노르 백작은 그의 조언자인 파트로니오에게 이렇게 말했다.

나는 매우 강력한 힘을 지닌 원수와 다투고 있네. 그런데 그의 집에서 큰 도움을 받고 있는 신하가 나를 찾아왔소. 그리고 그간 있었던 일을 이야기 하더이다. 어느 날 그 신하가 그 사람에게 심한 모욕을 당하고 그로 인해 큰 상처를 입었다고 하네.

그 신하가 복수할 방법을 찾으려고 나에게 온 것이오. 그가 내게 유용한 정보를 많이 줄 수 있고 원수에게 가장 큰 피해를 줄 수 있는 방법을 알려줄 수 있을 것이오.

그로인해 내게 큰 이익이 될 것이오. 하지만 어떻게 해야 할지 잘 모르겠소. 나는 당신을 신뢰하고 당신의 지혜를 믿으오. 이 상황에서 어떻게 해야 할지 조언을 구하고 싶구려.

파트로니오가 이 상황에 이야기를 시작했다.

백작님, 먼저 말씀드리자면 그 사람은 당신을 속이기 위해 온 것입니다. 그가 어떤 식으로 당신을 속이려 하는지 알려드리기 위해, 까마귀와 부엉이에게 일어났던 일을 말씀드리겠습니다.

까마귀 무리와 부엉이 무리 사이에 큰 다툼이 있었습니다. 그런데 주로 까마귀들이 더 불만을 품고 있었지요. 부엉이는 낮에는 동굴에 숨어 있다가 캄캄한 밤, 모든 것을 볼 수 있는 비상한 눈 덕분에 밤에 몰래 나무에 숨어 있던 까마귀들을 습격해 많은 까마귀를 해치고 죽였습니다. 까마귀들은 큰 피해를 입었고 초상집 분위기였습니다. 그 중 매우 지혜로운 까마귀 한 마리가 다른 까마귀들에게 복수할 계책을 내놓았습니다.

그 방법은 이러했습니다. 먼저 까마귀들 중 한 마리를 거의 모든 깃털을 뽑아 날 수 없을 만큼 연약하게 만들고 그를 부엉이들에게 보내 '자신이 까마귀 무리에서 따돌림을 당하고 많은 피해를 입었기 때문에 복수를 원한다'고 말하게 하는 것이었습니다. 스파이 부엉이는 까마귀 무리 하나를 간신히 찾아 무리로 가서 자신이 까마귀 무리와 싸우고 싶지 않지만 자신에게 너무

179

나도 많은 해를 입혔기에 부엉이들에게 그들에 대한 정보를 주고, 그들을 해치는 방법을 알려주겠다고 했습니다. 부엉이들은 이 말을 듣고 매우 기뻐하며 그 까마귀를 환영하고 그의 말에 전적으로 신뢰를 보였습니다.

하지만 부엉이 무리 중 숱한 고난을 겪은 나이 많은 부엉이 한 마리가 이 까마귀의 속임수를 간파했습니다. 그는 다른 부엉이들에게 그 까마귀가 그들을 해치기 위해 온 것이며 그를 믿어서는 안 된다고 말했습니다.

하지만 다른 부엉이들은 그의 말을 믿지 않았습니다. 그들이 자신의 말을 듣지 않자, 나이 많은 부엉이는 까마귀들이 찾지 못할 곳으로 떠났습니다. 다른 부엉이들은 여전히 그 까마귀를 신뢰했습니다. 그가 원래대로 회복하여 다시 날 수 있게 되자 부엉이들에게 말했습니다.

"이제 나는 날 수 있으니 까마귀들이 지금 어디에 있는지 알아보고, 그들을 공격할 정보를 갖고 오도록 하겠습니다."

부엉이들은 그의 말을 듣고 기뻐했습니다. 그러나 까마귀가 무리에게 돌아가자, 기다리고 있던 까마귀들은 함께 부엉이 무리를 칠 계획을 실행에 옮겼습니다. 낮에 날지 않고 한 곳에 모여 있는 부엉이들의 습성과 그 위치를 알고 있는 스파이 까마귀의 정보로 많은 부엉이를 한꺼번에 죽일 수 있었습니다.

결국 부엉이들이 어떻게 움직이는 습성을 가졌는지 모두 알아냈기 때문에 가능한 일이었습니다. 결국 까마귀들은 부엉이들과의 전쟁에서 승리하게 되었습니다. 부엉이 무리는 자신들의 천적인 까마귀 한 마리를 신뢰한 대가로 이런 재난을 겪은 것입니다. 즉, 원수를 믿은 대가로 큰 피해를 입게 된 것입니다. 백작님에게 온 그 사람은 백작님의 원수에게 큰 빚을 졌으므로 본래부터 적입니다. 그러니 절대 그를 백작님 곁에 두지 말고 속이거나 해치려는 시도를 막기 위해 거리두기를 하십시오.

하지만 그가 백작님을 섬기고자 한다면 너무 가까워지지 않도록 하십시오. 백작님의 행동을 방해하거나 비밀을 알지 못하게 하십시오.

그리고 그가 진심으로 백작님의 원수에게 복수를 하고 그와 절대 화해할 가능성이 없다면 그때는 그를 어느 정도 신뢰하셔도 됩니다. 하지만 그럼에도 불구하고 항상 그로 인해 피해를 입지 않도록 신중하게 행동하셔야 합니다.

루카노르 백작은 파트로니오의 조언이 좋다고 생각하고, 그에 따라 행동하여 많은 이익을 얻었습니다. 돈 후안은 다음과 같은 구절을 썼습니다.

과거의 적을 신뢰하지 말라.

과거의 적과 한패였던 자 역시 신뢰하지 말라

너에게 큰 재앙을 가져올 것이다.

그에게 정말 '그것이 있는가'를 보라

어느 날, 루카노르 백작은 그의 조언자인 파트로니오에게 이렇게 말했다.

어떤 사람이 내게 와서 큰 이익과 명예를 가져다줄 방법을 안다고 말했네. 그리고 그 일을 시작하려면 내 상황을 좀 더 들여다보겠다고 했지.

조사를 마친 후, 그는 내가 돈 한 푼을 투자하면 열 푼을 벌 수 있다고 말했네. 자네가 가진 뛰어난 지혜를 믿으니, 이런 상황에서 내가 어떻게 해야 할지 조언해 주게.

파트로니오가 대답했다.

백작님, 예전에 매우 거짓되고 부자가 되고 싶어 안달이 난 한 남자가 있었습니다. 그는 자신의 고된 삶을 끝내고 싶어 했지요.

그 남자는 연금술에 관심이 많았던 한 왕이 있다는 것을 알고 있었습니다. 그래서 그 사기꾼은 금화 100개를 갈아서 그 가루에 다른 물질을 섞어 100개의 작은 구슬을 만들었습니다.

구슬 하나의 무게는 금화 하나의 무게에 다른 물질의 무게를 더한 것과 같았어요. 사기꾼은 적절한 복장을 갖춰 입고 구슬을 가지고 왕이 있는 도시로 갔습니다. 그곳에서 그는 한 향료 상인에게 덩어리들을 팔았습니다.

상인이 이 덩어리들의 용도가 무엇이냐고 묻자, 그는 그것이 매우 다양한 용도가 있으며 특히 연금술에 꼭 필요한 물질이며 타바르디에(tabardie)라고 불렀습니다.

상인은 100개를 모두 사버렸습니다. 얼마 후 도성 안에는 연금술사가 있다는 풍문이 퍼져나갔습니다. 연금술사에 대한 소문은 왕에게까지 전해졌습니다. 왕은 그를 불러 연금술을 할 줄 아는지 물었고, 사기꾼은 처음엔 모른다고 하며 숨기는 척하다가 결국 할 줄 안다고 말했습니다.

다만 왕에게 많은 돈을 걸지 말고 다른 사람들에게도 이 사실을 말하지 말라고 충고했습니다. 그래도 왕이 원하면 자신이 직접 보여주겠다고 말했습니다. 왕은 그가 말하는 행동으로 보아

인품이 훌륭하다고 판단해버렸습니다. 진심으로 감사한 마음으로 그를 신뢰했으며 속임수가 있을 리 없다고 생각했지요.

사기꾼은 필요한 것들을 준비하도록 명령했는데, 그 재료들은 모두 쉽게 구할 수 있는 것들이었습니다. 그 중 하나는 자기가 상인에게 판 타바르디에로 만든 구슬이었지요. 이 모든 재료는 몇 푼밖에 들지 않았습니다.

그가 왕 앞에서 그 재료들을 몇 가지를 녹였을 때, 금화 한 푼 정도의 순금이 나왔습니다. 왕은 단지 몇 푼으로 금화를 만들 수 있다는 사실에 크게 기뻐하며 사기꾼에게 더 많이 만들어 달라고 요청했습니다.

그러나 사기꾼은, "폐하, 제가 아는 것은 여기까지입니다. 이제부터는 폐하께서도 저만큼 잘 하실 수 있습니다. 다만 재료 하나라도 빠지면 금을 만들 수 없다는 점을 기억하십시오." 라고 말하고는 떠났습니다.

왕은 사기꾼 없이도 금을 만들기 위해 시도했고 처음에는 두 배로 늘려서 금화 두 개를 만들었으며, 그 다음에는 네 개를 만들었습니다. 왕은 금을 얼마든지 만들 수 있다고 확신하고는 금화 천 개를 만들기 위한 재료를 준비하게 했습니다. 하지만 타바르디에가 부족해서 금을 만들 수 없다는 사실을 알게 되었습니다.

왕은 사기꾼을 다시 불러 그에게 타바르디에가 없어 금을 만들 수 없다고 말했습니다. 사기꾼은 처음부터 타바르디에가 빠지면 금을 만들 수 없다고 말했었다며, 타바르디에를 어디서 구할 수 있는지 왕에게 말했습니다.

사기꾼은 타바르디에를 구해오겠다고 하고 필요한 돈과 경비를 말했는데 그 금액은 엄청났습니다. 왕은 그에게 큰 액수의 돈을 주었고 사기꾼은 그 돈을 가지고 떠났지만 다시 돌아오지 않았습니다.

결국 왕은 사기꾼에게 속았고 그가 돌아오지 않자 그의 집을 조사해 보았습니다. 그곳에는 잠긴 상자 하나가 있을 뿐이었습니다.

상자 안에는 "타바르디에라는 것은 이 세상에 존재하지 않습니다. 제가 당신을 속인 것입니다. 당신이 나에게 부자가 되게 해달라고 했을 때 먼저, 내가 부자가 된 것을 확인한 다음에, 나를 믿었어야 했습니다."라는 쪽지가 들어 있었습니다.

며칠 후, 사람들은 이 사건을 두고 비웃으며 조롱하기 시작했고 그들은 자신이 아는 사람들의 이름과 그들의 특성을 나열해 적기 시작했습니다. 그 중에는 '속임수를 쓰는 자들'의 이름도 있었고, '부유한 자들'과 '현명한 자들'의 이름도 있었습니다.

그리고 '잘못된 조언을 받은 사람들'의 이름을 적었을 때, 왕의 이름도 포함되었지요. 왕은 이 이야기를 듣고 그들을 불러들였으며 자신의 이름이 적힌 이유를 물었습니다.

그러자 그들은 왕이 보증도 없는 낯선 사람에게 많은 돈을 주었기 때문에 그렇게 적었다고 대답했습니다. 왕은 자신의 실수를 인정했지만 만약 그 사기꾼이 돌아온다면 상황은 달라질 것이라고 말했습니다. 자신은 현명한 사람이 되는 것이며 더 이상 비난받지 않을 것이라고 윽박질렀습니다. 그들은 만약 사기꾼이 돌아온다면 왕이 아닌 그를 비난하겠다고 대답했습니다.

그러니 백작님이 왕처럼 조심성 없는 사람이 되지 않으려면 불확실한 일에 자원을 투자하지 마십시오. 큰 이익을 기대하다가 결국 손해를 보게 될 것입니다.

백작은 이 조언이 마음에 들었고,
그에 따라 행동하여 많은 이익을 얻었다.
돈 후안은 다음과 같은 구절을 썼다.

재산을 얻으려는 자는
부유하지 않은 자의 조언은 듣지 말라.

이간질에 속은 사자와 황소

어느 날, 루카노르 백작은 그의 조언자인 파트로니오에게 이렇게 말했다.

파트로니오, 나는 매우 정직하고 권세가 있는 친구가 있소. 지금까지 그는 나에게 좋은 행적만 보여 왔지. 하지만 이제는 그가 나를 예전만큼 좋아하지도 존경하지도 않다고 하오. 심지어 나를 대적할 방법을 찾고 있다는 말을 들었소. 그래서 매우 혼란스럽소.

첫째로 그가 나를 배신한다면 큰 해를 입을까 봐 두렵다오. 둘째로 그가 내가 의심하고 있다는 것을 알게 되면 나처럼 그도 자신을 보호하려고 할 것이고, 그러면 우리 사이에 의심과 소원함이 커지면서 결국 다툼이 생길 것이기 때문이오. 내가 지금 어떻게 해야 할지 조언을 부탁하오.

 파트로니오는 백작을 보호하기 위해 '사자와 황소에게 일어 난 일'을 들려주었다.

 사자와 황소는 아주 좋은 친구였습니다. 그들은 매우 힘센 동 물들이었기에 다른 동물들을 지배하고 다스렸습니다. 사자는 황소의 도움으로 육식 동물들을 다스렸고, 황소는 사자의 도움 으로 초식 동물들을 통솔할 수 있었습니다. 다른 동물들은 사자 와 황소가 서로 협력하여 자신들을 괴롭힌다는 사실을 깨닫게 되었습니다. 그들의 삶은 노예와 다름없었고 회의를 통해 통제 와 고통에서 벗어날 방법을 찾아보기로 했습니다.

 함께 머리를 모아 궁리한 끝에 사자와 황소가 사이가 나빠지 면 자신들을 괴롭히지 못할 것이라고 생각했습니다. 다른 동물 들은 여우와 양을 찾아가 사자와 황소의 사이를 멀어지게 할 방법을 찾아달라고 요청했습니다.
 여우는 사자의 조언자였고 양은 황소의 조언자였기 때문입니 다. 그들은 힘닿는 데까지 돕겠다고 했습니다. 그들의 조언자라 는 역할을 자처한 것이었죠.

그래서 여우는 육식 동물 중에 사자 다음으로 힘 센 곰에게 황소가 사자를 해치려 한다고 전했습니다. 그리고 양은 초식 동물 중에 황소 다음으로 힘이 센 말에게 가서 사자가 황소를 해치려 한다고 전했습니다.

곰은 사자에게 황소를 조심해야 한다고 말했고, 말은 황소에게 사자를 조심해야 한다고 전했습니다. 처음에는 그 소문을 믿지 않았지만 점차 시간이 지남에 따라 서로를 의심하게 되었습니다.

이렇게 의심이 커지자, 사자와 황소는 자신들이 신뢰하는 조언자에게 다시 물어보았습니다. 여우는 사자에게, 양은 황소에게 대답했습니다. 아마도 그 소문은 별 근거 없는 일이겠지만 앞으로 일이 어떻게 될지 모르니 대비책을 모색해 두기는 해야 할 것이 라고 조언해주었습니다.

또한 자신들에게 소문을 전한 곰과 말의 말과 행동을 주의 깊게 지켜보라고 말해주었습니다. 그 결과, 사자와 황소 사이에 심어진 불신의 싹은 커져만 갔고 더 의심하게 되었습니다.

이제 다른 동물들이 둘 사이의 의심이 커져간다는 것을 알게 되었습니다. 이제 그들은 사자와 황소가 서로를 두려워하며 은

밀히 적대감을 품고 있다고 소문을 퍼뜨렸습니다. 여우와 양은 거짓 조언자 노릇을 통해 얻게 될 이익에 눈이 멀어 원래 갖고 있던 충성심을 까맣게 잊어버렸습니다.

사자와 황소는 서로 친구로 지내면서 도왔기 때문에 다른 동물로부터 존경을 받을 수 있었고 통치할 수 있었다는 것을 깨닫지 못했습니다. 결국 사자와 황소는 서로를 의심한 나머지 다투기 시작했고 서로에게 큰 해를 입혔습니다.

싸움의 결과는 참담했습니다. 사자는 황소에게 더 큰 피해를 입혔지만 결국 사자 자신도 힘이 약해져 다른 동물들을 통제할 수 없게 되었습니다. 그들은 나쁜 조언자들의 충고를 경계하지 않았고 속임수에 빠져 둘 모두에게 도움이 되었던 우정을 지키지 못해 서로 싸우게 되었으며, 스스로 파멸의 길로 빠지게 된 것입니다.

백작님도 친구에 대해 의심을 불러일으키는 자들이 하는 말에 주의하십시오. 그 친구가 당신에게 진실하고 신뢰할 수 있는 사람이며 한 번도 당신을 배신한 적이 없다면, 다른 사람들이 하는 말을 그대로 믿지 말아야 합니다.

그 친구와 직접 대화를 해서 진실을 확인하십시오. 서로 오해를 풀고 나쁜 의도로 문제를 일으키려는 자들에게 경각심을 심어주면, 더 이상 아무도 당신을 이간질하려 하지 않을 것입니다.

하지만 그가 백작님과 평생을 함께할 진정한 친구라고 느껴지지 않고 필요에 의해 곁에 있는 사람이라면, 그를 의심하는 것을 그에게 알리지 마시고 모르게 해야 합니다.

그가 실수할 때에도 그것을 눈감아 주는 것이 좋습니다. 어떤 일이 생기기 전에는 반드시 신호가 있을 것이니, 미리 대비할 수 있을 것이기 때문입니다. 그에게 좋은 태도로 대함으로써 그가 의심 없이 자신의 의무를 다하도록 해주세요.

백작님에게 그의 도움이 필요한 것처럼, 그에게도 역시 백작님의 도움이 필요하다는 것을 알려주십시오. 그에게 감사하는 마음을 표하고 그의 행동에 대해 의심하지 마십시오.

그러면 그도 백작님을 신뢰할 것이고 둘 사이의 돈독함은 오래 유지될 것입니다. 그렇게 한다면 사자와 황소처럼 나쁜 결말을 맞는 실수를 피할 수 있을 것입니다.

루카노르 백작은 파트로니오의 조언이 마음에 들어 그에 따라 행동했고, 많은 이익을 얻었다.

돈 후안은 다음과 같은 구절을 남겼다.

친구를 욕하는 바로 그 사람을 의심하라.
사악한 거짓말에 속아 친구를 잃지 말라.
그와 직접 이야기 하라.
소중한 우정을 잃는 것은 곧 재앙을 초래하는 것이다.

자신을 돌보며 살아가는 방법

어느 날, 루카노르 백작은 그의 조언자인 파트로니오와 이야 기를 나누었다.

파트로니오, 나는 제법 부유하게 지내고 있네. 몇몇 사람들은 나에게 '이만하면 충분히 부자니 걱정 말고 이젠 먹고 마시며 즐기며, 좀 쉬어도 된다. 자식들에게 남겨줄 재산도 충분하지 않은가?'라고 얘기한다네.

자네도 사람들이 말하는 것처럼 이젠 내가 그만 일하고 즐겨 야 한다고 생각하오?

나는 그대의 지혜를 믿소. 그러니 내가 어떻게 해야 할지 조언 해 주겠나?

파트로니오가 말했다.

백작님, 편안하게 지내는 것은 분명 즐거운 일이지만 진정으로 이익이 되는 삶을 살아가고 싶다면, 개미가 자신을 돌보는 방식을 들어보는 것이 좋겠습니다.

　개미는 매우 작은 생물에 불과하지요. 그래서 큰 지혜가 있을 것 같지 않지만 놀라운 사실이 있습니다. 매년 밀 수확 철이 되면 개미들은 집에서 나와 탈곡장으로 가서 먹을 만큼의 밀을 모읍니다. 그리고 자신들의 거처에 저장해 두지요.

　첫 비가 내리면 개미들은 그 밀을 밖으로 꺼냅니다. 사람들은 개미가 밀을 말리기 위해 밖으로 꺼낸다고 말하지만 그것은 사실이 아닙니다. 실제로 개미들이 첫 비가 내릴 때 밀을 꺼내는 시기는 겨울이 다가오는 때입니다. 비가 올 때마다 말리기 위해 곡식을 내놓아야 한다면 개미들의 노고가 엄청날 뿐만 아니라 일한 보람도 별로 없을 것입니다. 겨울엔 해가 뜨는 일이 별로 없고 따라서 젖은 곡식을 말리기가 무척 힘드니까요.

　그들은 창고에 모아둔 밀이 물에 젖으면 싹이 트기 시작한다는 것을 알고 있습니다. 싹이 트면 더 이상 통제할 수 없게 되고 큰 재앙을 초래할 수 있습니다. 그래서 그들은 밀을 꺼내서 싹이 나는 부분을 먹어버리고 나머지 부분만 남깁니다. 그렇게 하면 비가 내려도 밀은 싹이 트지 않게 되어, 일 년 내내 그 곡식으로 살아갈 수 있지요.

그리고 개미들은 이미 필요한 곡식을 다 모았어도, 날씨가 좋을 때마다 가능한 한 많은 곡식을 모아둡니다. 그들이 모으는 것을 멈추지 않는 이유는 혹시라도 식량이 모자랄 것을 대비하는 것입니다. 개미들은 이렇게 하늘이 준 시간을 한 순간도 헛되이 흘려버리지 않고 잘 활용하고 있습니다.

개미처럼 작은 생물도 자신을 돌보기 위해 이토록 많은 노력을 한다는 사실을 생각해 보십시오. 특히 많은 재산을 관리하고 여러 사람들을 다스리는 사람이 현재 갖고 있는 것만으로 지낸다면, 그것은 매우 어리석은 일입니다. 그저 소비하기만 하고 새로운 자원을 채우지 않으면 재산은 오래가지 않을 것이기 때문입니다.

또한, 그렇게 하는 것은 지혜가 부족한 행동으로 보일 수 있습니다.

만약 백작님께서 먹고 즐기며 쉬기를 원하신다면, 재산을 유지하고 명예를 지키면서 필요한 것들을 어떻게 얻을지 신중하게 계획하면서 그렇게 하십시오.

만약 백작님께서 많은 재산을 갖고 있다면, 그것이 쓰일 곳이 많습니다. 이 세상을 위해서 명예롭게 사용하는 것이 무엇일지 생각해보고 보람되게 사용하시기 바랍니다.

루카노르 백작은 파트로니오의 조언이 매우 마음에 들었고, 그렇게 행동하여 많은 이익을 얻었다.

돈 후안은 다음과 같은 구절을 썼습니다.

모아 둔 모든 것을 낭비하지 마라.
개미와 같은 성실함과 대비하는 지혜를 배우라.
손쉽게 쉬어야 인생이 아름다워지는 것이 아니라

쌓은 재물들을 보람 있게 쓸 수 있을 만큼
많이 가졌을 때
죽어서도 명예를 남기게 될 것이다.

행동을 보면, 보인다!

어느 날, 루카노르 백작은 그의 조언자인 파트로니오와 이야 기를 나누었다.파트로니오, 우리 집에는 귀족 가문 출신의 소년 들이 많고 약한 가문의 소년들도 있소. 그런데 그들의 거동을 지켜보자면 나중에 어떤 사람이 될지 걱정이 된다오.

자네의 뛰어난 지혜를 믿으니, 어떤 소년이 나중에 가장 훌륭 한 사람이 될지 미리 알 수 있는 방법을 알려주게.

파트로니오가 대답했다.

백작님께서 묻는 것은 확실히 답하기 어려운 질문입니다. 왜 냐하면 미래는 결코 확실하게 알 수 없기 때문이죠. 그럼에도 불구하고, 소년들에게서 나타나는 몇 가지 징후로 그들의 장래 를 어느 정도 예측할 수 있긴 합니다.

외부 징후는 그들의 모습, 얼굴, 걸음걸이, 피부색, 몸의 생김새와 같은 것들입니다. 이런 것들은 심장, 골수, 간과 같은 주요 기관의 상태를 보여주는 증거죠. 하지만 이런 징후들이 모두 일치하는 경우는 드뭅니다.

어떤 징후들은 한 방향을 가리키고, 다른 징후들은 반대 방향을 가리키기 때문입니다. 따라서 완벽한 확신을 가질 수는 없지만 어떤 외적 징후를 보고 그 사람의 가능성을 일부 짐작해볼 수 있을 뿐입니다.

더 뚜렷한 징후는 얼굴, 특히 눈에서 나타납니다. 이들은 거의 틀리지 않죠. 이것은 외모가 잘생기거나 못생겼다는 것을 뜻하는 것이 아닙니다. 왜냐하면 어떤 사람들이 매력적이거나 잘생겼지만, 신사다운 태도를 보이지 않기 때문이죠.

반면, 못생긴 사람들 가운데 훌륭한 자질을 갖춘 사람이 있습니다. 몸의 형태나 신체 부위는 그 사람의 기질을 나타내고 그가 용감할지 또는 민첩할지를 보여줍니다. 하지만 이런 외부 징후는 단지 징후일 뿐, 그 사람의 실제는 아닙니다. 그렇기에 확실성을 보장하지 않습니다.

그러나 신뢰할 수 있는 것은 소년의 내면적 징후들입니다. 내부의 품성이 어떤 식으로 드러나는 가를 잘 살펴보십시오. 이를 잘 설명하기 위해, 옛날 한 무어 왕이 후계자를 결정하기 위해 세 아들을 시험한 이야기를 들려드리겠습니다.

옛날에 한 무어 왕에게 세 명의 아들이 있었습니다. 왕은 어느 아들이 왕위를 이어받을지 결정할 권한이 있었고, 나이가 많아지자 나라의 지도자들은 후계자 말해달라고 요청했습니다.

왕은 한 달 내에 답을 주겠다고 말했습니다. 그리고 10일 정도가 지난 후, 어느 날 오후였습니다.

왕은 큰아들에게 다음 날 아침 일찍 함께 말을 타고 나가자고 했습니다. 그러나 다음 날 큰아들은 왕이 말한 것만큼 일찍 오지 않았습니다. 그가 도착하자 왕은 옷을 입으려고 했고 큰아들에게 자신의 옷을 가져다 달라고 말했습니다.

그런데 그 아들은 시종에게 옷을 가져오라고 명령했고, 시종은 어떤 옷을 가져와야 할지 물었습니다. 그 아들은 다시 왕에게 어떤 옷을 입을 것인지 물었고, 왕은 알후바(아랍인이 입는 소매가 짧고 좁은 외투의 일종)를 입겠다고 말했습니다.

그 아들은 다시 시종에게 왕이 알후바를 입을 것이라고 말했습니다. 이런 식으로 그는 왕이 필요로 하는 모든 물건을 가져

올 때마다 일일이 왕에게 물었고, 왕이 다 입을 때까지 그 과정
이 반복되었습니다.

왕이 옷을 다 입은 후, 큰아들에게 말을 준비하라고 명령했습
니다. 그리고 그는 말을 돌보는 사람에게 말을 준비하라고 했
고, 말을 돌보는 사람은 어떤 말을 준비해야 할지 물었습니다.
큰아들은 다시 왕에게 어떤 말을 원하시는지 물었습니다. 그는
안장, 굴레, 칼, 박차 등 말을 타기 위한 모든 준비에 대해 하나
씩 물었고, 마침내 준비가 끝났습니다.

왕은 그에게 자신이 직접 타고 나가지 않을 것이며 대신 마을
을 돌아보고 그가 본 것을 보고하라고 말했습니다. 큰아들은 마
을을 한 바퀴 돌며 신하들과 함께 나팔, 심벌즈, 다른 악기들의
연주를 들으며 다녔고 돌아와 왕에게 본 것을 보고했습니다. 그
런데 그가 말한 것은 '악기 소리가 매우 크더라'는 것이었습니
다.

며칠 후, 왕은 둘째 아들에게도 같은 방식으로 명령을 내렸고
둘째 아들은 큰아들과 같은 방식으로 행동했습니다.

그리고 며칠 후, 왕은 막내아들을 부르며 아침 일찍 함께 나가
자고 했습니다. 그런데 막내는 왕이 일어나기도 전에 일어나 기

다리고 있었습니다. 왕이 일어나자, 정중하게 인사를 하고 왕에게 어떤 옷을 입고 싶은지 물었습니다.

그리고 모든 준비물을 한 번에 물어 보고 가져왔으며 시종이 왕을 돕지 못하게 하고 자신이 직접 옷을 입혔습니다. 그는 아무에게도 심부름을 시키지 않고 자기가 그 모든 것을 가지고 왔습니다.

그는 자신이 직접 하는 것을 왕이 좋아할 것이라고 여겼습니다. 그의 행동은 '아버지께 기쁨을 드릴 수 있다면 자신에게도 가장 큰 기쁨이다'라고 말하는 것과 같습니다. 자신이 할 수 있다면 무엇이든 아버지를 위해 해드리는 것이 그에게는 당연하고 합당한 일이었던 것입니다.

왕이 옷을 다 입자, 막내는 말 준비를 시키고 왕이 원하는 말과 필요한 모든 것을 준비했습니다. 그리고 왕이 그에게 마을을 둘러보고 보고하라고 했습니다. 막내는 마을 내부와 외부의 모든 것을 살피고, 병사들과 무기, 방어 시설까지 점검했습니다. 그는 모든 것을 면밀히 관찰한 후, 늦은 저녁에 왕에게 돌아와 보고했습니다. 왕이 본 것에 대해 묻자, 막내는 이렇게 대답했습니다.

"폐하께서 노여워하지 않으신다면, 제가 생각한 것을 말씀드리지 않겠습니다."

왕이 그 내용을 듣기 원하자, 막내는 이렇게 말했습니다.

"폐하께서는 매우 훌륭한 왕이십니다.
하지만 조금만 더 노력하신다면 전 세계가 폐하의 것이 될 수 있을 것입니다."

왕은 막내 왕자의 질책에 마음이 흡족했습니다. 그렇게 왕위를 계승할 아들로 막내를 지목했습니다. 세 아들 중 누구라도 왕이 될 수 있었지만 세 형제의 행동이 천지차이임을 확인한 왕은 오직 막내아들만이 왕국을 물려받기에 합당하다고 후계자로 공표한 것입니다.

백작님도 어떤 소년이 가장 훌륭한 사람이 될지를 알고 싶다면, 이와 같은 방법으로 그들의 행동을 관찰하고 판단해 보십시오.

루카노르 백작은 파트로니오의 조언을 가슴에 새겨 들었다.

돈 후안도 다음과 같은 구절을 남겼다.

누가 진정 훌륭한 사람인지는,

그 어떤 말이 아닌,

오직 행동으로 보고, 알게 되리라.

———————

참을 수 없는 고통에 대한 대처

루카노르 백작이 어느 날 그의 조언자인 파트로니오에게 말했다.

파트로니오, 내 친척 중 한 명이 형편이 별로 좋지 않은데 다른 사람들에게 갖은 모욕과 간섭을 받으며 살고 있소. 사람들이 그를 속이고 괴롭혀도 제대로 대처할 수 없는 상황이라 하오.

힘을 가진 자들은 그가 뭔가를 잘못해서 헐뜯을 수 있는 구실을 찾고 있소. 내 친척은 이 모욕들을 참는 것을 매우 힘들어 하고 있으며 차라리 모든 것을 걸고 싸우는 것이 나을 것이라 생각하고 있소. 나는 그가 최선의 해결책을 찾기를 바라니, 어떻게 조언해야 할지 알려주게나.

백작의 물음에 파트로니오가 이야기 하나를 꺼내 들려주었다.

백작님, 이 상황에서 친척에게 가장 유리한 조언을 하려면, 죽은 척했던 여우에게 일어났던 일을 들어보시는 것이 좋겠습니다.

어느 날 밤, 여우 한 마리가 닭이 있는 마당에 들어갔습니다. 그는 닭 사이를 어슬렁거리다가 도망가야 할 때를 놓쳐 이미 날이 밝아버렸습니다. 사람들이 길거리를 돌아다니고 있었기에 여우는 숨을 곳을 찾아다녔습니다. 도망칠 곳이 없다는 것을 알고는 거리로 나가 죽은 척하며 몸을 뻗어 누웠습니다. 사람들이 여우를 봤지만 죽은 줄 알고 아무런 신경을 쓰지 않았습니다. 어떤 사람이 지나가며 말했습니다.

"여우 이마의 털은 어린 아이들이 마법에 걸리지 않도록 이마에 붙이면 좋다고 하네." 그러면서 그는 가위로 여우의 이마 털을 잘랐습니다.

또 다른 사람이 와서 여우의 등의 털도 마찬가지라며 잘라갔습니다. 이런식으로 여러 사람이 여우의 털을 하나씩 잘라내어 결국 털이 하나도 없는 상태가 되었습니다. 그러나 여우는 털을 잃는 것이 죽는 것보다 낫다는 걸 알고 있었기 때문에 여전히 죽은 시늉을 하며 꿈쩍도 하지 않았습니다. 그때 또 한 사람이 와서 말했습니다. "여우의 엄지발톱은 발가락 염증에 좋은 치료제라네."

그는 여우의 엄지발톱을 제거했습니다. 그러나 여우는 여전히 움직이지 않았습니다. 시간이 지나 또 한 사람이 와서 말했습니다.

"여우의 심장은 심장병에 좋은 약이 되네."

그러고는 칼을 꺼내 여우의 심장을 꺼내려 했습니다. 여우는 그 사람이 자신의 심장을 빼내려 한다는 것을 알고 그렇게 되면 자신이 회복할 수 없고 목숨을 잃게 될 것이라 판단했습니다. 그래서 여우는 위험을 무릅쓰고서라도 도망치기로 결심했고 성공적으로 탈출했습니다.

백작님의 친척에게 이렇게 조언하십시오. 만약 그가 원하거나 바라는 방식으로 행동할 수 없을지라도, 큰 해나 손실 없이 견딜 수 있는 일이 있다면 모욕을 무시하고 받아들이는 것이 좋습니다.

자신이 그 모욕을 대수롭지 않게 여기면 그 모욕은 그에게 상처가 되지 않습니다. 그러나 수치심을 느낀다면 내색하지 않는 게 좋습니다. 수치심이나 모욕을 느끼는 것을 다른 사람이 알게 될 경우 자신에겐 이로울 것이 하나도 없기 때문이지요.

따라서 중요하지 않은 일에는 강하게 반응하지 않는 것이 낫습니다. 그것을 그냥 지나가게 하는 것이 더 낫습니다. 그러나 만약 그가 큰 해를 입을 수 있는 상황에 처한다면 그때는 위험을 감수하고 죽음을 무릅쓰고라도 대처하는 것이 좋습니다. 자신의 권리와 명예, 재산을 지키기 위해 싸우다 죽는 것이 수치를 당하며 사는 것보다 낫습니다.

백작은 이 조언이 좋다고 생각하여 행동에 옮겼다.
돈 후안은 다음과 같은 구절을 적었다.

견딜 수 있는 고통은 받아들이되,
참을 수 없는 고통은 온 힘을 다해 물리쳐라.

은혜를 잊은 자

하루는 루카노르 백작이 파트로니오와 대화를 나누며 이렇게 말했다.

 파트로니오, 어떤 사람이 나에게 도움을 자주 요청하고 심지어 내 재산의 일부를 나누어 달라고 간청하기도 하네. 내가 그렇게 할 때마다 그는 감사하다고 말한다네.

 하지만 다음에 그가 또 부탁을 할 때 내가 그의 요구를 바로 들어주지 않으면 화를 낸다네. 이미 내가 이전에 해 준 모든 것을 잊어버린 것처럼 보이네. 당신의 지혜를 빌어 그 사람을 어떻게 대해야 할지 조언해 주게나.

 백작의 질문에 파트로니오는 답했다.

 백작님이 겪고 있는 상황은 세비야의 왕 아벤아벳(King

Abenabet)과 그의 아내 라마이키아(Ramayquia)에게 일어났던 일과 비슷한 것 같습니다.

세비야의 아벤아벳 왕은 라마이키아와 결혼했고 그녀를 세상 그 누구보다 사랑했습니다. 그녀는 아주 훌륭한 아내였고 무슬림 사이에서 그녀에 대한 많은 좋은 이야기를 전해 내려오고 있습니다. 그러나 그녀에게는 한 가지 나쁜 습관이 있었는데 가끔씩 자신만의 고집을 부리곤 했습니다.

어느 날 2월에 코르도바에 눈이 내렸고 라마이키아가 그것을 보고 울기 시작했습니다. 왕이 왜 우느냐고 묻자, 그녀는 눈을 볼 수 있는 곳에서 살지 못하는 것이 슬프다고 말했습니다.

그래서 왕은 그녀를 기쁘게 하기 위해 코르도바의 산에 아몬드 나무를 심게 했습니다. 코르도바는 더운 지역이라 매년 눈이 내리지는 않지만, 2월이면 아몬드 나무가 꽃을 피우고 그 모습이 눈처럼 보여 그녀의 눈에 대한 그리움을 잊게 해 주었습니다.

또 다른 날, 라마이키아가 강을 내려다보는 방에서 벌거벗은 여자가 강가에서 진흙을 모아 벽돌을 만드는 것을 보고 울기 시작했습니다. 왕이 왜 우느냐고 묻자, 그녀는 자신도 그 여자가 하는 일을 해볼 수 없다는 생각에 슬프다고 말했습니다.

그래서 왕은 그녀를 기쁘게 하기 위해 코르도바의 커다란 저수지를 장미수로 가득 채웠습니다. 물과 진흙 대신에 설탕, 계피, 향신료, 머스크, 호박, 향기로운 재료들로 가득 채웠습니다. 짚 대신에는 사탕수수를 넣었습니다. 그리고 저수지가 이런 재료들로 가득 차자, 왕은 라마이키아에게 신발과 스타킹을 벗고 진흙을 밟아 원하는 만큼 벽돌을 만들라고 했습니다.

또 다른 어느 날, 라마이키아는 왕이 자신을 기쁘게 해 준 적이 없다고 말하며 다시 울기 시작했습니다. 왕은 그녀를 기쁘게 해주려고 많은 노력을 했는데도 불구하고 그녀가 여전히 만족하지 않는 것을 보고 더 이상 어떻게 해야 할지 몰랐습니다. 그래서 그는 이렇게 말했습니다.

"내가 진흙을 준비한 날마저도 잊었느냐?"

그녀가 자신이 해준 모든 것을 잊었다 해도, 진흙을 준비한 그날 하나쯤은 기억할 수 있다는 뜻이었습니다.

만약 그 남자가 백작님이 베푼 것들을 잊었다면 백작님이 요구를 들어주지 않을 때 감사하지 않고 오히려 왜 더 내 놓지 않느냐고 따지거나, 이전만큼 주지 않는다며 화를 낸다면, 그에게 너무 많은 것을 베품으로 백작님께 해가 되지 않도록 조심하셔야 합니다.

  또한 누군가가 백작님을 기쁘게 하기 위해 무엇인가를 했다면 그 사람이 백작님이 원하는 모든 것을 해주지 않았어도 그가 해 준 선행을 결코 잊어서는 안 된다는 것을 명심하셔야 합니다.

백작은 이 조언이 훌륭하다고 생각했고,
그 조언을 받아들여 많은 이익을 얻었다.

돈 후안은 다음과 같은 구절을 썼다.

은혜를 잊는 자에게는
더 이상의 호의를 베푸는 것이
아무 소용이 없다.

그들은 누군가의 은혜와 자비를 기억할 만큼
선하지 않으며
그것을 마음에 넣어둘
공간도 부족하기 때문이다.

사기꾼에게 속아 벌거벗은 왕

루카노르 백작은 그의 조언자 파트로니오에게 말했다.

어떤 사람이 나에게 중요한 거래에 대해 제안을 했소. 그는 그 것이 나에게 큰 이익이 될 것이라고 말하오. 하지만 그가 나에 게 절대로 그 누구에게도 이 비밀을 말하지 말라고 강하게 요 청하고 있소.

내가 아무리 믿을 수 있는 사람이라도 말이오. 만약 내가 다른 사람에게 이 비밀을 누설하면 내 재산은 물론 생명까지도 위험 해질 수 있다고 말한다오. 그대 처럼 모든 것을 이해할 수 있는 사람은 없으니, 자네 의견을 듣고 싶소. 내가 이 문제를 어떻게 처리해야 할지 조언해 주시오.

백작의 자초지종을 들은 파트로니오는 대답했다. 이 상황에서 어떻게 행동하는 것이 좋을지 말씀드리기 위해, 무어인 왕과 세 명의 사기꾼에게 일어났던 이야기를 들려드리고 싶습니다.

세 명의 사기꾼들은 자신들이 매우 뛰어난 직물의 장인이라고 말하면서 어느 왕에게 접근해왔습니다. 그들이 짜는 옷감은 매우 특별하여 누구든 친자식이 아니라면 그 옷감이 눈에 보이지 않는다고 말했습니다.

왕은 이 옷감으로 많은 자식들 중에 누가 친아들이 아닌가를 구분할 수 있을 것이라 생각하고 매우 기뻐했습니다. 그리고 자신의 재산을 크게 지켜낼 수 있을 것이라 믿었죠. 무어인들 중에서 친자가 아닌 자들은 아버지로부터 아무것도 상속받을 수 없기 때문이었습니다.

왕은 그들에게 직물을 짜는 방을 내어주고 옷이 완성될 때까지 그들을 방에 가둬 두라고 명령했습니다. 사기꾼들이 많은 금, 은, 비단과 많은 재료를 모으고 방으로 들어가 자물쇠로 문을 잠갔습니다. 그들은 베틀을 설치하고 모두가 직물을 짜고 있다고 믿게 만들었습니다.

며칠 후, 그들 중 한 명이 왕에게 찾아와 직물을 짜기 시작했으며 세상에서 가장 놀라운 작품이 될 것이라고 말했습니다. 그는 왕에게, 어떤 무늬와 바느질이 사용되고 있는지 설명하며 왕이 원하면 와서 볼 수 있지만 다른 사람은 함께 들어올 수 없다고 했습니다.

왕은 먼저 다른 사람을 시험해 보기 위해 시종 중 한 명을 보내 직물을 확인하게 했습니다. 시종에게 특수한 옷감으로 만든 직물을 확인하라고 했지만 시종의 눈에는 보이지 않았습니다. 그는 그 특수한 직물을 볼 수 없다는 것을 인정하는 것이 두려웠습니다. 그래서 왕에게 돌아와 직물을 보았다고 거짓말을 했습니다.

그 후 왕은 다른 사람을 보냈고 그 사람도 같은 말을 했습니다. 왕이 보낸 모든 사람들이 직물을 보았다고 하자, 이제 왕 자신도 직접 그 방에 들어갔습니다. 왕이 방에 들어갔을 때 장인들은, "이 무늬는 이런 무늬이고, 이 작업은 이런 작업이며, 이 색깔은 이런 색깔입니다"라고 직물의 짜임새와 그 과정을 열심히 설명했습니다.

왕은 다른 사람들이 그 직물을 보았다고 했는데도 자신은 보이지 않자, 자신이 진정한 왕의 아들이 아닐 수 있다는 사실 때문에 큰 두려움에 빠졌습니다. 이 사실을 인정하면 왕국을 잃게 될 것을 두려워한 왕은 직물을 칭찬하기 시작했습니다. 장인들이 직물을 설명할 때 말한 것들을 모두 기억해두었습니다. 왕은 그의 백성들에게 돌아가 그 직물이 얼마나 훌륭하고 놀라운지 말하며 그 무늬와 패턴을 설명했지만 마음으로는 매우 의심스러워하고 있었습니다.

며칠 후 왕은 장군 한명을 보내 직물을 확인하게 했습니다. 왕은 그에게 자신이 본 직물의 놀라움과 특이한 점을 설명해 주었습니다. 대장이 그 방에 들어갔을 때 장인들이 직물을 짜고 있는 행동을 보고 직물에 대한 설명을 들었지만 아무것도 보이지 않았습니다. 그는 자신이 친아들이 아니기 때문에 직물이 보이지 않는 것이라고 믿었습니다. 사람들이 이 사실을 알게 되면 그의 명성이 무너질 것이라 생각했습니다.

그래서 그는 왕보다 더 열렬하게 그 직물을 칭찬하기 시작했습니다. 그는 왕에게 돌아가서 그 직물을 보았으며 그것이 이 세상에서 가장 아름답고 훌륭한 직물이라고 말했습니다.

이에 왕은 더욱 불행을 느끼게 되었습니다. 장군 역시 실제로 직물을 보았지만 자신은 보지 못했다는 사실에 의심의 여지가 없다고 여겼습니다. 선대왕의 친아들이 아니라는 확신을 갖게 된 것입니다. 그래서 왕은 그 직물을 더욱 칭찬하기 시작했고 그 직물의 우수성과 품질을 더욱 강조했으며 그 직물을 만들어 낸 장인들을 찬양했습니다.

다음 날, 왕은 또 다른 신하를 보내 직물을 확인하게 했고, 그 신하도 왕과 다른 이들과 같은 경험을 했습니다.

더 말할 필요가 있을까요? 이렇게 해서 왕과 그 왕국의 모든 사람들이 그 직물에 속아 넘어갔습니다. 아무도 그 직물이 보이지 않는다고 말할 용기가 없었기 때문입니다.

시간이 흘러 큰 축제가 다가왔고 모든 사람들은 왕이 그 직물을 입고 축제에 참석해야 한다고 말했습니다. 장인들은 직물을 부드러운 천에 싸서 왕에게 가져왔고 천을 푸는 척하며 왕에게 어떤 옷을 만들고 싶은지 물었습니다. 왕은 원하는 옷을 주문했고 장인들은 그가 옷을 만들고 있다고 믿게 했으며 옷을 재단하고 바느질하는 척했습니다.

축제날이 되었을 때, 직공들은 옷을 가지고 와서 왕에게 옷을 입히는 척했으며 왕은 그 옷을 보고 있다고 믿게 되었습니다. 자신이 옷을 입지 않았다고 말할 용기가 없었기 때문입니다. 왕이 옷을 입고 말을 타고 도시를 행진할 때, 사람들은 왕이 걸친 옷을 보지 못하면 자신이 아버지의 친아들이 아니라는 사실을 드러낼까 두려워 했으며 자신을 제외한 모두가 그 옷을 보고 있다고 믿었습니다. 그래서 아무도 말하지 못했습니다.

그러던 중, 왕의 말을 잡고 있던 한 흑인이 왕에게 다가와 말했습니다.

"폐하, 제가 진정으로 제 아버지의 친아들이든 아니든 그다지 중요하지 않습니다. 그러니 제가 눈이 먼 게 아니면, 폐하께서 지금 벌거벗고 계십니다."

이에 왕은 그를 때리며 그가 사생아이기 때문에 그 직물이 보이지 않는다고 말했습니다. 그러나 흑인의 말을 들은 다른 이가 그 말을 되풀이했고, 곧 모두가 그 말을 하기 시작했습니다. 그리고 왕국의 시민 전체가 자신도 옷이 보이지 않는다며 소리 질러 말하기 시작했습니다.

결국, 왕과 모든 사람들이 진실을 깨닫게 되었고 그 장인들이 행한 속임수를 이해하게 되었습니다. 사람들은 그들을 급히 잡으러 갔으나 왕에게 받은 모든 재물을 가지고 도망친 뒤였습니다.

백작님께서 아무리 신뢰하는 사람이라도 비밀을 다른 사람에게 말하지 말라고 한다면, 그가 백작님을 속이려는 속셈이라는 것을 확신할 수 있습니다. 왜냐하면 그가 백작님의 안녕을 진심으로 바라지 않기 때문입니다.

가까운 관계에 있는 사람들은 백작님에게 많은 은혜와 선물을 받았기에 그들은 백작님의 안정과 평안을 원할 것이기 때문입니다.

백작은 이 조언이 훌륭하다고 생각했고,
파트로니오의 말대로 행했으며 결과는 좋았다.

돈 후안은 다음과 같은 구절을 썼다.

가까운 가족이나 친구들에게
비밀로 감추라고 하는 모든 말은
악한 의도를 품고 있는 것이 틀림없다.

서로를 이끌어주던 두 맹인에게 일어난 일

루카노르 백작이 그의 조언자 파트로니오와 대화를 나누며 말했습니다.

나는 친척이자 친구인 사람이 있는데 그는 나를 신뢰하며 정말로 나를 아낀다는 것을 확신하오. 그가 나에게 어느 한 장소로 가라고 조언해주었는데 나는 그곳에 가기가 조금 두렵소.

그런데 그는 내가 두려워할 필요가 없다고 하며 그가 죽는 한이 있어도 나에게 해가 가는 일은 없을 것이라고 한다오. 이 문제에 대해 당신의 조언을 부탁하네.

백작의 말을 들은 파트로니오는 대답했다.

백작님, 이와 관련해서 두 맹인에게 일어났던 일을 듣는 것이 매우 유익할 것 같습니다.

어느 도시에 살던 한 남자가 시력을 잃고 눈이 멀어 맹인이 되었습니다. 그가 그렇게 눈이 멀고 가난한 상태였을 때, 같은 도시에 살고 있던 또 다른 맹인이 그에게 찾아와 함께 근처의 마을로 가자고 했습니다. 그곳에서 그들은 신의 이름으로 구걸할 수 있을 것이며 그렇게 해서 생계를 유지하고 스스로를 돌볼 수 있을 거라고 말했습니다.

그러자 첫 번째 맹인은 두 번째 맹인에게 그 길이 위험하고 구덩이와 협곡, 위험한 곳들로 가득 차 있어서 그 길이 두렵다고 말했습니다. 하지만 두 번째 맹인은 두려워할 필요가 없다고 말하며 자신이 함께 가서 그를 안전하게 지켜줄 것이라고 했습니다. 그는 그 여정의 장점을 많이 이야기하며 확신을 주었고 결국 첫 번째 맹인은 그를 믿고 길을 떠났습니다.

그리고 그들이 험하고 위험한 장소에 도착하자 앞서서 길을 인도하던 맹인이 먼저 넘어져 다리가 부러져버렸고 두려워하던 첫 번째 맹인도 결국 넘어져 크게 다칠 수밖에 없었습니다.

백작님이 두려울 이유가 있고 그 길이 위험하다면, 친척이나 친구가 지켜줄 거라고 말해도 그 위험의 구렁텅이에 들어가지 마십시오.

 그가 차라리 죽겠다고 말한다 해도, 그가 죽고 백작님이 고통을 겪거나 죽는다면 아무런 이득이 되지 않습니다.

백작은 이 조언을 좋은 것으로 받아들였고 따랐으며
그로 인해 좋은 결과를 얻었다.

돈 후안은 다음과 같은 구절을 썼다.

어떤 상황에서도 나 자신은
내가 지킬 수밖에 없다.

서로 의지할 수 있는 것과
자신을 스스로 책임질 수밖에 없는
인간의 운명은 별개다.

친구가 뭐라고 해도
위험한 길은 피해야 한다.

episode 32 ———————————————————

상처에 굴복하지 말 것

어느 날 백작이 전투 중에 지친 상태로 나왔는데, 그는 매우 피곤하고 고통을 겪고 있었다. 그런데 쉬기도 전에 급하게 도착한 전령이 외부의 침략을 알렸다. 대부분의 병사들은 백작에게 어떻게 할지 결정하길 권했다. 백작은 이 위기를 어떻게 해결할지 파트로니오에게 물었으며 이렇게 대답했다.

만약 이 문제를 해결하시려면 페르난 곤잘레스(Fernan Gonzalez) 백작이 그의 신하에게 했던 말을 아셔야 할 것 같습니다. 페르난 곤잘레스 백작이 하시나스에서 알만소르(Almanzor) 왕을 물리쳤을 때, 많은 병사들이 전사했고 살아남은 이들도 심하게 부상을 입었습니다.

그들이 회복하기도 전에 나바르 왕이 그의 영토를 침범하고 있다는 사실을 알게 된 백작은 병사들에게 나바르 군과 싸울 준비를 하라고 명령했습니다. 그의 병사들 모두는 자신들의 말이 지쳤고, 그들 역시 지쳤기 때문에 회복할 때까지 기다려야 한다고 주장했습니다.

백작은 그들이 모두 목숨을 명예보다 더 중요하게 여긴다는 것을 알고는 이렇게 말했습니다.

"동료들이여, 우리가 받은 상처에 굴복하지 맙시다. 앞으로 받을 상처는 우리가 이미 겪은 고통을 사소하게 느끼게 만들 것입니다. 그러니 물러서지 말고, 명예를 위해 싸웁시다."

페르난 곤잘레스 백작이 자신의 몸을 돌보지 않고 나라와 명예를 지키기 위해 싸우려 한다는 것을 알게 된 병사들은 그와 함께 나섰고 전투에서 승리하여 큰 성공과 명예를 거두었습니다.

루카노르 백작께서는 해야 할 일을 하셔야 합니다. 재산과 백성, 그리고 명예를 지키는 데 있어 최선을 다하신다면 고통이나 수고, 위험에 대해 결코 불평하실 일이 없을 것입니다.

그러니 현재의 위험과 고통이 과거를 잊게 만들도록 행동
하십시오.

백작은 이 조언이 좋다고 생각했고,
그 말을 따랐으며 승리를 거두었다.
돈 후안은 그것을 책에 기록했고,
다음과 같은 시를 지었다.

이 진리를 배우고 또 배우라.
게으름을 피우지 말고 명예를 지키라.
나태와 게으름, 부와 영광은 결코
함께할 수 없는 상극의
면류관이다.

보석을 잔뜩 짊어진 채 강에서 익사한 남자

어느 날, 백작은 파트로니오에게 어떤 장소로 가면 큰돈을 받을 수 있어서 그곳에 꼭 가고 싶다고 말했다.

하지만 그곳에 머무르다가 불상사가 생겨 오랜 시간 지체하면 큰 위험에 처할 수 있다는 생각에 매우 망설여진다고 말하며 조언을 구했다. 백작의 물음에 파트로니오는 대답했다.

백작님께서 제가 드리는 말씀을 듣고 결정을 하시면 좋을 것 같습니다. 한 남자가 매우 깊은 강을 건너면서 귀중품을 짊어지고 있었을 때 일어난 일을 아시는 것이 유익할 것입니다.

어떤 남자가 등에 보석을 가득 짊어지고 있었는데 그 보석들이 너무 많고 무거워서 나르기가 매우 힘들었습니다. 그런데 그 남자는 넓은 강을 건너야 했습니다. 짐이 무거워서 강물 깊이 가라앉기 시작했습니다. 강의 가장 깊은 곳에 다다랐을 때 더 가라앉기 시작했습니다.

그때 강가에 있던 한 남자가 '짐을 버리지 않으면 익사할 것'이라고 경고하며 소리쳤습니다. 그러나 어리석은 남자는 그 사실을 깨닫지 못했습니다. 짐을 버리면 생명은 구할 수 있지만 보물은 잃게 될 것이요. 그럼에도 불구하고 그는 보석을 탐하는 욕심 때문에 짐을 내려놓지 않았습니다. 결국 강에서 익사하여 보석도 목숨도 모두 잃고 말았습니다.

백작님, 금전적 이득이나 다른 이점들이 유리하게 작용한다고 해도 생명이나 신체에 위험이 따르는 상황이라면 돈이나 다른 유혹 때문에 그곳에 머물지 않기를 권합니다.

또한 명예를 위해서가 아니거나, 하지 않으면 큰 치욕을 당할 일이 아니라면 절대 목숨을 걸지 마시길 권합니다. 자신을 중요하게 생각하지 않고 욕심이나 허영심 때문에 자신의 생명을 위험에 빠뜨리는 사람은, 자신의 삶으로 할 일이 많지 않다는 것을 계획하는 사람이나 다름없습니다.

자신을 진정으로 가치 있게 여기는 사람은 다른 사람들도 그를 가치 있게 여기도록 노력해야 합니다. 스스로를 소중히 여기는 사람은 다른 사람이 자기를 존경하도록 행동하기 마련입니다.

　물론 자기 스스로 존중한다고 해서 다른 사람이 존경해주는 것이 아니라 그럴만한 일을 해야 존경받을 수 있습니다. 이런 식으로 행동하는 사람이라면, 분명 그는 자신의 생명을 매우 중요하게 생각하고 욕심이나 사소한 명예를 위해 생명을 위험에 빠뜨리지 않을 것입니다.
　그러나 모험할 만한 가치가 있는 일이라면, 자신을 가치 있게 여기는 고귀한 사람이야말로 누구보다도 기꺼이 목숨을 걸고 나서서 행동해야 할 것입니다.

백작은 이 조언이 훌륭하다고 생각하고
이에 따라 행동하여 성공을 거두었다.

돈 후안은 책에 다음과 같은 시를 썼다.

탐욕이 목적이 된 행동은
자신의 목숨이 위태로운 상황을 간파하지 못한다.

자신의 생명이 가장 가치 있다는 걸

알지 못하는 사람은

몸을 함부로 힘들게 하여

이득을 구한다.

이렇게 자신의 목숨이

죽음으로 빠르게 달려간다는 걸 망각한다.

탐욕은 그 어떤 과정으로도

결코 좋은 결과를 얻지 못한다.

episode 34 ————————————————————————

가까이 있는 적과 멀리 있는 적

백작은 파트로니오에게 이렇게 말했다.

파트로니오, 나는 두 명의 이웃과 같은 시기에 싸움을 하게 되었소. 이중 누구와도 문제를 피할 방법이 없소.

한 명은 별로 강하지 않지만 가까이 살고 있소. 한 명은 세력이 강하지만 멀리 떨어진 곳에 살고 있소. 이제 어떻게 해야 할지 조언을 구하고 싶다오.

파트로니오는 백작의 질문에 대한 이야기 하나를 들려주었다.

백작님, 가장 유리한 결정을 내리기 위해서는 한 남자와 참새 그리고 제비에게 일어난 일을 아시는 것이 좋을 것입니다. 어느 마을에 몸이 허약한 한 남자가 살고 있습니다. 그는 늘 피곤한 상태여서 새들의 울음소리가 너무 시끄러워 짜증이 났습니다. 그래서 그는 친구에게 조언을 구했습니다. 그 새소리 때문에 잠을 잘 수 없었기 때문이었지요.

그러자 그의 친구가 그에게 말했습니다. 모든 새를 없앨 수는 없지만 참새나 제비 중 하나는 없앨 수 있다고 말했습니다. 지친 그 남자는 이렇게 대답했습니다.

"제비가 더 시끄럽기는 하지만, 제비는 집안에 들왔다 다시 나가버리거든. 참새는 항상 집에 들어오거나 주위에 머물러 있으면서 시끄럽게 한다네.

그러니 더 시끄러운 제비를 택하겠소. 참새를 멀리 보내주시오. 참새는 항상 여기에 있지만 제비는 그렇지 않으니까 말이오."

백작님, 더 먼 곳에 사는 사람이 더 강력하더라도 가까이 있는 사람과 싸워서 이기는 것이 낫다고 생각합니다. 비록 그가 더 강하지는 않더라도 말이지요.

백작은 이 조언이 좋다고 생각하고 이를 따랐으며,

모든 일이 잘 풀렸다.

돈 후안은 이 이야기를 책에 기록하고, 다음과 같은 시를 썼다.

피할 수 없는 다툼이라면
가까운 자와의 싸움을 먼저 택하라.

멀리 있는 적이 강해도
가까운 적이 더 큰 위험이 될 수 있다.

episode 35

영혼을 구원받지 못한 집사장

어느날 백작이 파트로니오에게 말했다.

누구도 죽음을 피할 수 없다는 것은 익히 알고 있소. 그러니 죽음 이후에도 나의 영혼을 위해 특별한 무언가를 남기고 싶소. 그래서 모든 사람이 내가 그것을 했다는 사실을 알게 되길 바라오.

백작의 말에 파트로니오가 이야기 하나를 들려주었다.

백작님, 선한 행위는 어떤 종류든, 어떤 이유로든 훌륭합니다. 그럼에도 불구하고 영혼을 위해 무엇을 해야 하는지, 어떤 목적을 위한 것인지 아셔야 합니다. 그래서 백작님께 까르카손의 집사장에게 일어난 일을 말씀드리면 좋을 것 같습니다.

프랑스 까르카손의 집사장은 위독한 병에 걸렸고 회복될 수 없다는 것을 깨달았습니다. 그 때, 수도원의 사제를 모시고 와서 영혼의 구원을 위한 협의를 했습니다. 그가 죽으면 그의 영혼을 위해 해야 할 일들을 사제들에게 유언으로 남긴 것이죠.

집사장은 죽기 전에 사제들에게 많은 보상을 해주었습니다. 그래서 사제들은 집사장이 당부한 일들을 빠르게 수행했고 그의 영혼이 구원받기를 간절히 희망하고 있었습니다.

며칠 후, 마을에 신들린 여자가 나타나서 놀라운 이야기를 했습니다. 신들린 여자는 매우 영험해서 사람들에게 무슨 일이 일어났는지, 무슨 말을 했는지를 모두 알고 있었습니다. 집사장의 영혼을 위한 일을 한 사제들은 그 여자에게 가서 집사장의 영혼에 대해 물어보는 것이 좋겠다고 생각했습니다. 그래서 여자의 집에 갔는데 질문을 하기도 전에 그녀는 그들이 왜 왔는지 정확히 알고 있었습니다. 그녀는 집사장의 영혼은 몸을 떠난 직후 지옥에 떨어졌다고 말했습니다.

사제들은 이 말을 듣고 그녀가 거짓말을 하고 있다고 생각했습니다. 왜냐하면 그 집사장은 진실하게 고해성사를 하고 교회에서 행하는 모든 성사를 받았기 때문입니다. 그래서 자신들이 믿고 있는 신앙이 참된 것이라면 그녀의 말이 사실일 리 없었습니다. 그러자 신들린 여자는 이렇게 답했습니다.

"물론 당신들이 믿는 신앙이 진리라는 것은 명백합니다. 하지만 그 집사장이 영혼을 구원받기 위해서 해야 할 일을 죽고 나서 하는 건 바람직하지 않습니다. 왜냐하면 그 사람의 의도가 선하지 않기 때문이지요.

죽은 이후에 선한 일을 한다는 것은 죽기 전에는 아무 일도 하지 않는 것과 마찬가지죠. 게다가 집사장은 가신의 명성이 세상에 남기를 원했기 때문에 선한 일을 하고자 한 것입니다.

또 한 가지가 더 있습니다. 그가 죽기 전날 밤 기도하던 중, 자신의 영혼을 위해 선행을 하기로 맹세한 금액을 크게 줄였습니다. 그는 마음속으로 이만큼만 내면 충분할 것이라고 생각했습니다. 이로 인해 그의 서약과 선행의 가치는 그가 처음 약속한 것보다 훨씬 적어졌습니다.

이런 이유로 영혼의 구원에 필요한 것을 온전히 다 하지 않았기 때문에 그의 영혼은 지옥으로 갔습니다."

이 이야기를 들은 수사들은 크게 놀랐고 그 여자가 말한 것이 사실인지 조사해 보기로 했습니다. 그리고 집사장이 그날 밤 정말로 처음 약속했던 금액을 줄였다는 것을 확인할 수 있었습니다. 수사들은 신들린 여자의 말이 맞다는 것을 인정할 수밖에 없었습니다.

  백작님, 백작님의 영혼을 위해 특별한 일을 하고 싶다면 모든 선행은 그것이 진심에서 나와야 합니다. 또한, 신과 영혼에 대한 진정한 헌신이어야 합니다.
  그것이 단지 명예나 세속적인 칭찬을 받기 위한 것이 되어서는 안 됩니다. 만약 그런 목적을 위해 선행을 한다면 결국 백작님의 영혼은 그 선행의 참된 가치를 인정받지 못할 것이기 때문입니다.

백작은 이 이야기를 듣고, 파트로니오의 충고가 타당하다고 생각하며 따랐고 좋은 결과를 얻었다.

돈 후안은 이 책에 다음과 같은 구절을 지었다.
하늘은 선행 자체가 아니라
그 뒤에 숨은 선한 의도에 상을 내린다.
선행을 했더라도 그 의도가 선한 것이 아니라면
그 사람의 영혼은 구원받을 수 없다.

본분에 맞는 일을 하라

루카노르 백작이 그의 방에서 조언자 파트로니오에게 이렇게
말했다.

파트로니오, 나는 사냥을 정말 좋아하네. 내가 발견한 새로
운 사냥 방법들도 참 많지. 게다가 매 사냥을 할 때 필요한 올가
미와 그물에 유용한 개선책을 추가했소.

하지만 사람들은 나를 비웃으려 하는 것 같소. 사람들은 시
드 루이 디아스(Cid Ruy Diaz)나 페르난 곤잘레스(Fernan
Gonzalez) 백작이 얼마나 많은 전투에서 승리했는지를 칭찬
한다오. 또한, 성스러운 축복받은 페르디난드(Ferdinand) 왕이
얼마나 많은 정복을 이뤘는지를 칭찬하지.

그런데 그들은 내가 만든 올가미와 그물을 대단한 일이라고

말하지만 조롱하는 말투로 칭찬을 하듯이 들린다오. 그들이 하는 칭찬은 존경이라기보다 모욕이라는 것을 나도 잘 알고 있소. 어떻게 해야 사람들의 조롱을 멈추고 비웃지 않을 수 있는지 그 방법을 알려주시오.

루카노르 백작의 고민을 들은 파트로니오는 이야기 하나를 들려주었다. 백작님, 코르도바에 알하켐(Al-Haquem)이라는 왕이 있었습니다. 이 왕은 그의 나라를 잘 다스렸지만 다른 훌륭한 왕들이 했던 것과 같은 위대한 일이나 업적을 세우지 않았습니다. 왕은 단지 먹고 마시며 휴식을 즐기며 살고 있었습니다.

어느 날 왕은 아랍인들이 좋아하는 피리 연주를 듣고 있었습니다. 왕은 피리 소리가 제대로 나오지 않는다는 것을 깨닫고 악기의 아랫부분에 구멍을 하나 더 추가했습니다. 그러자 피리 소리가 전보다 한결 좋아졌지요.

왕은 다른 사람들에게 도움 되는 유익한 일을 했으나 그 일은 왕으로서 해야 할 위대한 일이 아니었습니다. 그 때문에 사람들은 이를 조롱하며 이렇게 말하기 시작했습니다.

"이건 마치 알하켐 왕이 피리에 구멍을 추가한 것 같군"

그 말은 널리 퍼졌고 마침내 왕도 그 말을 듣게 되었습니다. 그는 사람들에게 그 말을 왜 했는지 물었습니다. 그들이 대답을 숨기려고 할수록 왕은 더 고집스럽게 물어보았지요. 결국 그 말을 듣게 된 왕은 무척 슬펐습니다. 하지만 그는 현명한 왕이었기에 자신을 조롱한 사람들을 나무라지 않았습니다. 대신 자신이 왕으로서 존경받을 만한 새로운 일을 하기로 결심했습니다.

왕은 코르도바에 이슬람 사원인 모스크가 완성되지 않았다는 것을 알게 되었습니다. 그 모스크를 완성시키겠다는 결심을 했고 그 작업을 훌륭하게 완료했습니다. 그리고 현재 그 모스크는 코르도바 대성당이라고 불리우며 스페인에서 가장 크고 완벽한 예배 장소 중 하나가 되었답니다.

그는 과거에 자신이 피리에 구멍을 추가한 것 때문에 조롱받았지만 이제는 모스크를 완성한 공로에 대해 칭찬을 받을 수 있을 거라고 생각했습니다. 사람들은 더 이상 그를 조롱하지 않았고 진정으로 그를 찬탄했습니다.

만약 사람들이 백작님이 사냥 도구에 개선 사항을 추가한 것을 비웃는다고 생각한다면 이제 위대하고 품위 있는 업적을 쌓으십시오. 그러면 사람들이 진정으로 백작님을 존경하고 찬탄하게 될 것입니다.

백작은 이 조언을 훌륭하다고 생각하고 그에 따랐으며, 그 결과 성공을 거두었다.

돈 후안은 책에 기록하며 다음 구절을 썼다.

자신의 본분에 맞는 선행을 하라.
자신의 책임에 맞는 선행을 하라.

모든 선행은 아름답지만
지위에 맞는 위대한 일이 아니었다면,

더 정진하여 위대한 선을 위해 일을 행하라.

눈먼 남편을 위해 자신의 눈을 찌른 아내

어느 날 루카노르 백작이 그의 조언자인 파트로니오와 이야기를 나누며 말했다.

파트로니오, 나는 여러 전쟁에 휘말려 많은 재산을 잃었소. 그런데 내가 위기에 처했을 때, 그동안 돌봐주고 잘 대해 주었던 몇몇 사람들이 나를 곤경에 빠뜨렸다오. 그런 일을 당하고 나니 더 이상 예전처럼 사람을 신뢰할 수가 없게 되었소. 자네는 현명한 사람이니 앞으로 내가 어떻게 해야 할지 조언해 주게나.

파트로니오가 말했다.

만약 백작님께 잘못을 한 사람들이 돈 페로 누녜스(Pero Nunez de Fuente Almexir)나 돈 루이 곤살레스 데 사발로스 (Don Ruy Gonzalez de Zavallos), 돈 구티에 로이 데 블라구

엘로(Don Gutier Roiz de Blaguiello)처럼 자신들에게 어떤 일이 일어날지 알았더라면 결코 그런 행동을 하지 않았을 것입니다.

그러자 백작이 무슨 일이 있었는지 물었고 파트로니오가 말했다. 백작님, 돈 로드리고 (Don Rodrigo the Generous) 백작은 아주 훌륭한 여성과 결혼했는데 그녀는 돈 힐 가르시아 데 아사그라스(Don Gil Garcia de Azagras)의 딸이었습니다. 하지만 백작은 이런저런 구실을 들어 아내를 괴롭혔습니다. 남편의 학대에 견디다 못한 아내는 신에게 기도했습니다. 만약 자기가 잘못한 것이 있으면 자신에게 벌을 내리고 그렇지 않으면 남편에게 벌을 내려달라는 내용이었습니다.

그녀의 기도가 끝나기가 무섭게 남편에게 나병이 생겼습니다. 그 후로 이 둘은 서로 헤어졌습니다. 얼마 지나지 않아 나바르의 왕은 그녀에게 사절을 보내 구혼을 했고 그녀는 나바르의 왕비가 되었습니다.

로드리고 백작은 자신이 나병에 걸려 치유될 수 없다는 것을 깨닫고 성스러운 죽음을 맞이하기 위해 성지 순례를 떠났습니다. 그는 존경받았으며 많은 신하들이 있었지만 앞서 언급된 세 명의 기사만이 그와 동행했습니다.

그들은 고향에서 가져온 모든 재물이 다 떨어질 때까지 오랫동안 그곳에 머물렀습니다. 이제 그들은 너무 가난해져 백작에게 먹을 것조차 줄 수 없었습니다. 생계를 위해 두 명은 광장에서 일하며 돈을 벌었고 한 명은 남아서 백작을 돌봤습니다.

그들은 매일 밤 백작의 몸을 씻기고 나병으로 생긴 상처들을 청소했습니다. 어느 날 밤, 그들이 백작의 팔과 다리를 씻기고 있을 때 입에 침이 고였고 그래서 뱉어냈습니다. 백작은 그들이 자신의 상처 때문에 역겨워 구역질이 난 줄 알고 자신의 처지에서 비참함을 느꼈습니다.

그는 비탄에 빠져 자신의 신세를 한탄하며 눈물을 흘렸습니다. 그러자 기사들은 백작의 병에 대한 혐오감 때문이 아니라는 걸 알리기 위해, 상처에서 나온 고름과 딱지가 섞인 물을 손으로 떠서 마셨습니다.

그들은 백작과 함께 고된 삶을 견디며 그가 죽을 때까지 그를 돌보았습니다. 그들은 주군 없이 본국으로 돌아가는 것은 잘못된 일이라고 생각했습니다. 주군을 그냥 두고 갈 수 없었습니다. 사람들은 시신을 화장시켜 가지고 가라고 권했지만 그들은 살아 있을 때와 마찬가지로 죽은 시신을 건드리는 것은 불충이라 여겼습니다.

그들은 시신을 화장하지 않고 묻었으며 몸이 모두 흙으로 변할 때까지 묵묵히 기다렸습니다. 세월이 흘러, 땅 속에는 뼈만 남았습니다. 그 유골을 함에 넣고 등에 짊어졌습니다. 그렇게 그들은 주군의 뼈를 등에 짊어진 채 음식을 구걸하며 여행을 했으며 자신들이 겪은 일을 증언하며 다녔습니다.

어느 날, 툴루즈 지방에 도착했을 때 간통 혐의로 화형 당할 위기에 처한 귀족 여인을 만났습니다. 만약 어떤 기사가 그녀를 구하러 나선다면 형이 집행되지 않을 수 있었지만 그 누구도 나서지 않았습니다. 이때 돈 페로 누녜스는 이 귀족 여인이 기사가 부족하여 화형에 처해진다는 사실을 듣고 그녀가 무고하다는 확신을 얻을 수 있다면 구하겠다고 말했습니다.

그는 즉시 그녀에게 가서 진실을 물었고 그녀는 마음속으로는 저지르고 싶었지만 실제로는 그렇게 하지 않았다고 단언했습니다. 돈 페로 누녜스는 그녀가 죄를 저지르지 않았다는 것을 알기 때문에 그녀를 구하겠다고 했습니다. 고소한 사람들은 그가 기사가 아니라며 막으려 했지만 지금까지의 여정을 기록한 것들을 보여주면서 기사임을 증명하자 막을 수 없었습니다.

여인의 친척들은 그에게 말과 무기를 제공했습니다. 돈 페로 누녜스는 전투를 앞두고 그녀의 친척들에게 신의 은총으로 자신이 영예를 얻고 여인을 구할 것이지만 그녀가 마음속으로 저지른 일로 인해 어떤 사고가 발생할 것이라고 말했습니다.

전투가 시작되자 돈 페로 누녜스는 승리를 거두어 여인을 구했지만 눈 하나를 잃었습니다. 이는 그가 전투 전에 말한 대로 이뤄진 것입니다. 여인과 그녀의 친척들은 그에게 많은 보상을 해주었고 그는 주군의 뼈를 이전보다 더 수월한 방식으로 운반할 수 있게 되었습니다.

본국의 왕은 이 명예로운 기사들이 주군의 뼈를 가지고 돌아오고 있다는 소식을 듣고 크게 기뻐하며 신의 은총에 감사했습니다. 왕은 그들이 본국으로 들어오기 전에 말도 타지 않은 채 그들을 맞이하러 나갔습니다.

그들에게 내려진 상은 워낙 대단하여 오늘날까지 그들의 후손들에게 상속되고 있습니다. 왕과 그와 함께한 모든 사람들은 백작의 영지 오스마까지 동행했고 백작의 유해를 묻어주었습니다. 안장이 모두 끝나고 기사들은 집으로 돌아갔습니다.

기사 중에 한 명인 돈 루이 곤살레스가 집에 도착한 날, 그는 아내와 함께 식탁에 앉아 있었습니다. 아내는 음식을 보자마자 말했습니다.

"오 신이시여, 제가 이 날을 보게 해주셔서 감사합니다.
저의 남편 돈 루이 곤살레스가 이 땅을 떠난 후,
이것은 내가 처음으로 먹는 고기이고 처음으로 마시는 포도주입니다!"

돈 루이 곤살레스는 이 말을 듣고 매우 슬펐습니다. 그는 아내에게 왜 그렇게 했는지 물었고 아내는 그 이유를 설명했습니다. 그러자 그는 떠나기 전에 '백작과 함께 올 수 없다면 조국으로 돌아오지 않겠다'고 했던 말을 상기시켜주었습니다. 그녀는 남편이 '좋은 아내로 살아감으로써 명예를 지켜달라'고 말했던 것을 늘 기억하고 있었다고 했습니다. 그 당시 그는 아내에게 '집에 빵과 물이 부족하지 않을 것이다'고 말해주었습니다. 그래서 그녀는 고기와 포도주를 먹지 않고 빵과 물만 먹으면서 남편의 말을 어기지 않고 지켰던 것입니다.

다른 기사 돈 페로 누녜스가 집에 돌아오자 아내와 친척들이 함께 맞아주었습니다. 그때 그들은 매우 기뻐하며 웃음으로 맞이해주었습니다. 하지만 돈 페로 누녜스는 그들이 자신의 잃어버린 눈을 조롱하며 웃는다고 오해했고 망토로 머리를 감싸고 침대로 몸을 던졌습니다.

그 모습을 본 아내는 남편이 슬퍼하는 것을 보고 매우 가슴 아파했습니다. 그가 왜 그렇게 슬퍼하는지 알고 싶어 했습니다. 그래서 남편은 자신이 눈을 잃었기 때문에 비웃는다고 생각해 괴로워하고 있다고 말했습니다. 아내는 이 말을 듣고 깊이 상심하며 바늘을 자신의 눈에 찔러 눈을 멀게 했습니다.

남편이 놀라 그 이유를 묻자. 자기의 웃음이 남편에 대한 비웃음으로 오해되는 일이 없도록 하기 위해서라고 말했습니다.

이렇게 세 명의 기사들은 그들이 행한 선행으로 행복한 여생을 누릴 수 있었습니다.

만약 루카노르 백작님을 잘 섬기지 못한 사람들이 저 기사들처럼 자신의 행동으로 얻을 수 있는 모든 좋은 일들을 깨닫는다면 얼마나 좋을까요?

그들은 당신에게 죄를 짓지 않았을 것입니다. 하지만 백작님께 해를 끼치지 말아야 할 사람들이 그렇게 했더라도 백작님은 선행을 멈추지 말아야 합니다. 그들은 사실 백작님보다 그들 자신에게 더 큰 해를 입히고 있기 때문입니다.

　또한, 백작님께 잘못을 저지르는 사람들이 있는 반면, 백작님을 진심으로 돕는 이들도 많다는 점을 기억하십시오. 이들이 베푸는 선행은 백작님께 해를 끼친 자들이 일으킨 손실보다 훨씬 더 중요한 가치가 있습니다.

　그러니 백작님께서 도와준 모든 사람에게서 항상 좋은 대접을 기대하지 마십시오. 한 사람이 백작님을 정말 잘 섬기면, 다른 사람들에게서 받은 대접이 부족해도 그 한 사람 덕분에 충분히 만족할 수 있기 때문입니다.

그리고 백작은 이 말이 옳고
진실한 조언이라고 생각했다.

돈 후안은 이 책에 적고, 다음과 같은 구절을 썼다.

비록 몇몇 사람이 당신을 실망시켜도
자비와 선행, 호의를 베푸는 것을 멈추지 말라.

episode 38 —————————

악마에게 영혼을 판 남자

루카노르 백작은 그의 조언자 파트로니오와 이야기했다.

파트로니오, 어떤 사람이 자신이 점술뿐만 아니라 미래를 알 수 있는 여러 기술도 알고 있다고 하오. 그를 통해 내 재산을 크게 늘릴 수 있다고 하는데, 혹시 잘못되지 않을까 싶어서 불안한 마음이 드는 게 사실이오.

그 사람이 실수를 할 수도 있을테니. 당신을 깊이 신뢰하니 내가 이 경우에 어떻게 해야 할지 조언해주길 바라오.

파트로니오는 루카노르 백작에게 이 문제에서 최선의 선택을 할 수 있도록, 어떤 남자가 악마와 겪은 일을 들려주었다.

어떤 부유했던 남자가 가진 돈을 모두 잃고 빈곤하게 살고 있었습니다. 과거엔 부유했다가 가난해진 사람보다 더 비참한 사람은 없습니다. 이 사람도 예전에 부유했다가 지금은 궁핍해서 괴롭고 슬픈 나날을 보내며 방황했습니다.

어느 날 그는 우울한 생각과 슬픔에 젖어 숲을 홀로 걷다가 악마를 만났습니다. 악마는 모든 일을 알고 있기에 그 남자의 슬픔을 알아차리고 왜 그렇게 슬퍼하는지 물었습니다. 남자는 말해봐야 소용이 없다고 답했습니다.

세상의 그 누구도 자신에게 도움이 되는 조언을 해줄 수 없다고 생각했기 때문입니다.

하지만 악마는 그가 자신의 명령을 따르기만 하면 불행과 가난에서 벗어나게 해주겠다고 말했습니다. 그는 악마에게 그의 상황과 슬픔의 이유를 말해주었습니다. 악마는 그에게 자신의 명령을 따르기만 하면 가난에서 벗어나게 해줄 것이며, 그의 가문 중 가장 부유한 사람이 될 수 있게 해주겠다고 약속했습니다. 그제야 자기가 악마이며 그런 힘을 가지고 있다고 알려줬습니다.

남자는 큰 슬픔에 빠져 있었기 때문에 지푸라기라도 잡는 심정으로 악마에게 의지하기 시작했습니다. 자신에게 부유해질 방법을 가르쳐 준다면 무엇이든지 하겠다고 답했습니다. 악마가 인간을 속이는 시기는 그들이 어려움에 처해 있거나, 가난하거나, 두려워하거나, 악한 일을 하고자 하는 욕망을 느낄 때입니다. 바로 그때 악마에게 속아 넘어가게 됩니다. 그리고 이남자도 마침 어려운 시기에 악마의 꾐에 넘어갔습니다.

그리하여 그들은 계약을 맺고 그 남자는 악마의 종이 되었습니다. 모든 조건이 설정된 후, 악마는 남자에게 이제부터는 훔치라고 명령했습니다. 아무리 철저히 잠겨 있는 문이라도 악마가 즉시 열어주겠다고 했습니다. 그리고 만약 남자가 어려움에 빠지거나 체포되었을 때, '도와줘요, 돈 마르틴'이라고 외치면 즉시 와서 구해주겠다고 약속했습니다.

이 계약을 맺고 나서 그들은 서로 헤어졌습니다. 악을 계획하는 자들은 항상 빛을 피하기 법입니다. 그도 역시 어두운 밤에 행동했습니다. 남자가 어느 상인의 집에 도착하자 악마가 문을 열어주었고 금고도 열어주었습니다.

그는 많은 돈을 가져갔습니다. 또 다른 날, 그는 또 한 번 큰 도둑질을 했고 그 후에도 몇 번이나 더 훔쳐서 매우 부유해졌습니다. 이제 그는 과거에 겪은 가난을 기억하지 못할 정도였습니다.

그러나 이 비참한 자는 자신의 불행에서 벗어난 것에 감사하지 않고 더 많은 도둑질을 시작했습니다. 그러다 너무 자주 도둑질을 해서 결국 잡히고 말았지요.

이제 그는 '돈 마르틴 나를 구해 다오'라고 외쳤고, 악마는 즉시 나타나 그를 감옥에서 구해주었습니다. 남자는 악마 (돈 마르틴)가 아주 신뢰할 만하다는 것을 깨닫고는 다시 도둑질을 하기 시작했고, 많은 범죄를 저질렀습니다.

그는 이전보다 훨씬 더 부유해졌습니다. 그렇게 도둑 생활을 이어가던 중 다시 사람들에게 붙잡혔습니다.

도둑은 이번에도 다시 돈 마르틴을 불렀습니다. 그러나 이번에는 돈 마르틴이 그가 원하는 만큼 빨리 나타나지 않았습니다. 이제 그가 저지른 범죄에 대해 법정에서 재판이 시작되었습니다. 재판이 진행되는 중간에 돈 마르틴이 도착하자, 남자는 그에게 말했습니다.

"아, 돈 마르틴, 나를 얼마나 놀라게 한지 아시오! 왜 이렇게 늦게 왔소?"

그러자 돈 마르틴은 다른 급한 일로 바빠서 늦었다고 대답하고는 그를 즉시 감옥에서 꺼내주었습니다. 남자는 다시 도둑질을 시작했고 여러 번의 절도를 저지른 후 다시 체포되었습니다. 돈 마르틴은 지난번보다 더 늦게 왔습니다. 재판이 끝나고 죄의 형량이 정해져 선고가 내려진 후에야 돈 마르틴이 구해주었고, 남자는 다시 도둑질을 계속했습니다. 돈 마르틴이 항상 자신을 도와줄 것이라고 생각했기 때문이었습니다.

　　그러다 다시 체포되었을 때, 돈 마르틴을 불렀으나 이번에는 나타나지 않았습니다. 심지어 사형 선고가 내려질 때까지도 오지 않았습니다. 하지만 사형 선고를 받은 후에 그를 감옥에서 풀어주었습니다.

　　남자는 다시 도둑질을 했고 다시 체포되었습니다. 돈 마르틴을 불렀지만 이번에는 사형 집행일까지도 돈 마르틴은 오지 않았습니다. 교수대 밑에서 돈 마르틴이 그에게 나타났습니다. 남자는 말했습니다.

　　"아, 돈 마르틴, 이번에는 정말 장난이 아니었소. 진짜 죽을 뻔했소!"

돈 마르틴은 그에게 500 마라베디가 들어있는 돈 보따리를 가져다주며 이 돈을 재판관에게 주라고 말하고 사라졌습니다. 이제 재판관이 형을 집행하라고 지시했습니다. 그런데 갑자기 목을 옭아맬 줄이 보이지 않는 것이었습니다. 사람들은 줄을 찾기 시작했고 남자는 그 틈을 이용해 재판관에게 돈 보따리를 건네주었습니다. 재판관은 보따리를 슬쩍 건네받고서는 주위를 둘러보며 다음과 같이 말했습니다.

"여러분 중에서 교수형을 집행하는 데 줄이 없어지는 것을 지금껏 한번이라도 본 사람이 있습니까?

이것은 틀림없이 신의 뜻일 겁니다. 신이 저 사람의 죽음을 원치 않아 우리로 하여금 줄을 찾지 못하게 하는 것입니다. 이 사람은 틀림없이 무죄일 것이니 집행을 내일로 연기하고 그동안 사건을 좀 더 엄밀히 조사해봅시다. 그리고 나서 형을 집행해도 늦지는 않을 겁니다."

재판관은 그를 감옥에서 빼내기 위해 그렇게 말했던 겁니다. 보따리 속에 많은 돈이 들어있다고 생각했기 때문이죠. 그러나 재판관이 보따리를 열었을 때 그 안에는 돈이 아닌 밧줄이 들어 있었습니다. 화가 난 재판관은 지금 즉시 교수형을 집행하라고 고함쳤습니다.

그가 어리둥절해 하며 교수대로 끌려왔을 때 돈 마르틴이 그에게 다가와 이 말을 하고 어디론가 사라져버렸습니다.

"이전에는 같이 일할 친구가 없었지만, 지금은 자네 말고도 아주 많다네."

백작님, 백작님께서 정말로 육체와 영혼의 선을 위해 삶을 계획하고자 하신다면 정직하고 성실하게 일해야 합니다. 하지만 **점쟁이나 어리석은 자들을 믿지 마십시오.** 재산을 늘리고 싶거든 자신의 땀과 노력을 통해서만 이뤄진다는 것을 명심하시고 그렇게 실천하시기 바랍니다.

백작은 이 충고가 좋은 충고라고 생각했고,
이를 따랐으며 그로 인해 좋은 일이 생겼다.

돈 후안은 자신의 책에 이와 같은 구절을 썼다.

거저 얻는 것을 좋아하고
거저 갖게 된 것을 기뻐하며
갚을 줄 모르는 자,
그 모든 축복에 감사하며
베풀지 못하는 자,

미신과 우연에 자신을 의탁하는 자는
비참한 삶을 맞이한다.

명예를 지킬 수 있는 방법

루카노르 백작은 그의 조언자 파트로니오와 대화를 나누며 그의 문제를 이야기했다.

파트로니오, 사람들이 살아가면서 좋은 평판을 얻고, 명예를 드높이는 것에 힘써야 한다는 것은 자네도 알 것이오. 당신이 모든 일에 대한 조언을 가장 잘 해줄 수 있음을 알기에, 나의 명성을 어떻게 유지하고 키울 또 다른 방법이 없겠는지 말해주시오.

파트로니오는 백작의 물음에 기뻐하였으며, 그의 바람이 잘 이루시기 위해, 유명한 나이든 철학자에게 일어난 일을 말했다.

모로코 왕국의 한 도시에는 유명한 철학자가 살았습니다. 이 현자는 대변을 볼 때 심각한 고통을 겪는 변비가 있었습니다.

의사들은 그에게 대변을 참을수록 더 큰 고통과 건강 문제를 일으킬 수 있으니 즉시 해결하라고 조언했습니다. 철학자는 의사들의 말을 따랐고 건강을 유지할 수 있었습니다.

　어느 날, 그가 살던 도시의 거리를 걷다가 대변을 참을 수 없는 상황이 닥쳤습니다. 볼일을 보기 위해 좁은 골목으로 들어갔습니다. 그런데 운 나쁘게도 그가 들어간 골목은 공공연하게 몸을 파는 여인들이 살고 있던 곳이었습니다. 하지만 철학자는 이 사실을 전혀 알지 못했습니다.

　그는 변비 때문에 그곳에 오래 머물렀지만 사람들 눈에는 그가 부적절한 일을 한 것처럼 보였습니다. 철학자는 그곳에 있는 사람들이 누구인지도 모른 채 자리를 떠났지만 사람들은 그가 다른 의도 때문에 그곳에 있었다고 오해했습니다.

　항상 나쁜 일은 입에서 입으로 전해지며 와전되기 마련입니다. 훌륭한 명성을 가진 사람이 부적절한 일을 하면 사람들은 더 심하게 험담을 늘어놓습니다. 아무리 작은 일이라도 그 평판은 큰 손상을 입습니다. 결국 그 철학자는 비난을 받았고 그 존경받던 철학자가 그런 곳에 갔다는 사실이 그의 명예에 해를 끼쳤습니다.

그 철학자가 집에 돌아와 보니 그의 제자들이 찾아와 슬픔과 걱정의 마음으로 모여 있었습니다. 스승의 명성의 실추되어 스승 뿐 아니라 제자들까지 망신시키게 된 상황이었다. 제자들은 어쩌다가 그토록 잘 지켜왔던 명성을 잃게 되었는지 물었습니다. 철학자는 그 말을 듣고 어리둥절해졌고 무슨 죄를 지었는지, 언제, 어디서 그랬는지 물었습니다.

그러자 제자들은 그가 매춘부들이 사는 골목으로 들어간 일로 모든 사람들이 그를 험담하고 있다고 말했습니다. 철학자는 이 말을 듣고 깊은 슬픔에 빠졌지만 그들에게 일주일 내에 답을 주겠다고 약속했습니다.

철학자는 자신의 서재에 틀어박혀 매우 훌륭하고 유익한 책 한 권을 썼습니다. 그 책의 한 대목에서는 스승이 제자들에게 행운과 불운에 대해 다음과 같이 설명하고 있습니다.

'나의 제자들아, 좋은 일과 나쁜 일이 일어나는 방식에는 여러 가지가 있다. 우선 행복의 경우, 그것을 추구해서 다가올 수도 있지만 우연히 얻어질 수도 있다. 불행도 마찬가지로 스스로 화를 자초해 다가올 수도 있지만 우연찮게 당할 수도 있다.

다시 말해, 일반 적으로 원하는 결과를 얻는 것은 선을 행하여 좋은 결과가 나올 때이며 마찬가지로 악한 일을 하여 불운이 찾아오는 경우도 있다. 이것은 자신이 추구한 바대로 얻은 결과이다.

반면, 얻으려 하지 않았지만 결과적으로 좋은 일이 일어날 때도 있다. 예를 들어, 어떤 사람이 우연히 큰 보물을 발견하거나, 아무런 노력 없이 큰 이익을 얻게 되는 경우다. 그리고 사람이 아무런 잘못을 저지르지 않았음에도 해를 입는 경우도 있다.
예를 들어, 한 사람이 길을 걷고 있을 때 다른 사람이 새를 향해 던진 돌에 맞아 다치는 경우가 그렇다. 이처럼 불운이 찾아왔지만 그는 아무런 잘못을 하지 않았고 원하지도 않은 결과이다.

그러므로, 너희들이 추구한 행복과 자초한 불행에 있어서 항상 명심해 두어야 할 것이 있다. 선행은 좋은 결과를, 악행은 나쁜 결과를 가져온다는 사실이다. 우연히 얻은 행복과 불행에 대해서도 이것을 명심해야 한다.

바로 나쁜 일을 행하거나 의심받을 일을 하지 않도록 노력

하고 아무리 좋은 일이더라도 그 일이 불행을 초래하거나 불명예가 되지 않도록 조심해야 한다는 것이다.'

나이든 철학자는 제자들에게 위의 책 내용을 들려준 다음에 다음과 같이 말했다.

"내 경우는 우연히 겪은 불행이라고 할 수 있다. 나는 건강상의 이유로 어쩔 수 없이 그 골목을 지나갔을 뿐이었다. 내가 한 일은 죄도 아니었고 나쁜 평판을 받을 만한 것도 아니었다. 하지만, 불행하게도 그런 사람들이 그곳에 살고 있었기 때문에 내가 잘못이 없었음에도 내 명성이 손상되었던 것이다."

만약 백작께서 자신의 명성을 높이고 널리 알리고 보호하고 싶다면 다음 세 가지를 해야 합니다. 첫째, 세상 사람들에게 기쁨이 되는 선한 일을 행하십시오. 사람들을 기쁘게 하면 백작님의 명예를 드높일 수 있으며 현재의 지위를 지킬 수 있습니다.

둘째, 현재의 명성을 지키기 위해 사람들이 의심할 만한 행동이나 말을 삼가십시오. 이렇게 하면 명성을 유지할 수 있을 것입니다. 종종 사람들은 선한 일을 하고도 겉으로 보기에 악하게 보이는 행동 때문에 의심을 받습니다. 이것이 실제로 죄를 지은 것보다 더 큰 해를 끼칠 수 있습니다.

셋째, 자주 좋을 일을 하되 보이기 위해 일부러 행동하지는 마십시오. 오직 백작님의 영혼을 위해 선행을 실천하십시오.

백작은 이 이야기가 좋다고 생각했고,
자신의 구원과 명예, 재산을 위해 간절히 기도했다.

돈 후안은 책에 다음과 같은 구절을 썼다.

선한 일을 행하고도 오해받을 만한 행동을 피하라.
명성을 유지하려면 의심받지 않도록 조심하라.

진정한 친구를 어떻게 알 수 있는가?

루카노르 백작은 그의 조언자 파트로니오와 대화를 나누며 그의 문제를 이야기했다.

파트로니오, 내가 보기에 내게는 많은 친구가 있으며 그들은 죽음이 닥치거나 몸이 상하는 상황에서도 나를 도울 것을 맹세하오. 어떤 상황에서도 나를 절대 버리지 않겠다고 다짐하였소. 자네의 지혜를 믿으니, 그들이 말한 대로 진정으로 나를 위해 헌신할 준비가 되어 있는지 어떻게 확인할 수 있겠소?

파트로니오가 백작에게 말했다.
좋은 친구는 세상에서 가장 소중한 존재입니다. 하지만 큰 어려움이나 재난이 닥쳤을 때 예상보다 훨씬 적은 친구만이 남는 법입니다. 설령 위기가 아니라도 누가 진정한 친구인지 판단하기란 어렵습니다.

하지만 백작님께서 진정한 친구를 알고자 하신다면 많은 친구를 가졌다고 자부하던 한 남자와 그의 아들에게 일어난 일을 들어보시기 바랍니다.

어느 날, 한 훌륭한 아버지가 아들에게 '항상 좋은 친구를 많이 사귀어야 한다.'고 말했습니다. 아들은 아버지의 말을 따라 자신이 가진 것을 아낌없이 나누며 친구를 만들기 시작했습니다. 친구들은 모두 자신이 진정한 친구라며 필요한 일이 있다면 생명과 재산을 걸고서라도 도와줄 것이라고 약속했습니다.

어느 날 아들이 아버지에게 친구들을 많이 사귀었는지 물으니 아들은 매우 많은 친구가 있다고 했습니다. 특히 열 명은 어떤 어려움이 닥쳐도 자신을 버리지 않을 것이라고 확신한다고 했습니다. 그러자 아버지는 놀라며 말했습니다.

"나는 평생을 살면서도 진정한 친구 한 명과 반쪽짜리 친구하나를 사귀었을 뿐인데, 네가 이렇게 짧은 시간에 열 명의 친구를 만들었다니 놀랍구나."

미심쩍어하는 아버지의 말에 아들은 자기 말이 맞다고 주장했습니다. 아버지는 아들이 너무 확신에 차 있는 것을 보고 친구들을 시험해 보자고 제안했습니다.

"돼지를 한 마리 잡아 자루에 넣고, 여러 친구의 집에 일일이 찾아가서 자루 안에 시체가 들어있다고 말해라. 만약 누군가 이 사실을 알게 된다면 너뿐만 아니라 그 비밀을 아는 사람들도 죽음을 피할 수 없다고 이야기 하여라.

그들에게 시체를 숨겨주고 너를 지키기 위해 힘써 달라고 부탁해 보아라."

아들은 아버지의 지시에 따라 친구들을 시험하기 시작했습니다. 각 친구의 집에 찾아가 자신이 저지른 끔찍한 사건을 고백했을 때, 친구들은 모두 그를 다른 방법으로는 도울 수 있다고 했습니다.

하지만 자신의 목숨과 재산이 걸린 일은 도울 수 없다고 말했습니다. 또 어떤 친구들은 그가 감옥에 끌려가게 되면 기도해 주겠다고 했습니다. 다른 친구들은 사형 집행 때까지 곁을 지키겠다고 약속했지만 그 이상은 하지 못하겠다고 했습니다.

그렇게 모든 친구들을 시험해 본 후, 아들은 그 어떤 친구에게도 도움을 받지 못하고 집으로 돌아와 아버지에게 그 사실을 말했습니다. 아버지는 아들의 이야기를 듣고 당신의 진정한 친구 한 명과 반쪽짜리 친구를 이제 시험해 보자고 했습니다.

그리하여 아들은 아버지가 말한 반쪽짜리 친구의 집을 찾아 갔습니다. 그가 밤에 돼지 시체가 들어있는 자루를 메고 그 친구의 집에 도착했습니다. 문을 두드리고 말했습니다.

"큰일이 났습니다. 제 친구들은 모두 저를 도울 수 없다고 했습니다. 아버지를 봐서라도 이번 한 번만 나를 도와주시면 안되겠습니까?"

그러자 아버지의 반쪽짜리 친구는 대답했습니다.

"나는 네 아버지와 가까운 사이는 아니지만, 그를 생각해서 이번 일은 도와주겠다."

그는 자루 안에 사람의 시체가 있다고 믿었으며 자루를 자신의 양배추 밭으로 가져가 묻었습니다. 그리고 양배추를 원래대로 되돌려 놓고는 청년에게 일이 잘 해결되기를 바란다며 축복을 빌어주며 돌려보냈습니다. 청년이 집에 돌아와 아버지에게 이 이야기를 전하자 아버지는 말했다.

"내일 사람들이 모인 자리에서 나의 반쪽짜리 친구와 말다툼을 벌여라. 그리고 그 논쟁의 한가운데에서 가능한 힘껏 그의 얼굴을 때리거라."

청년은 아버지의 말대로 했습니다. 친구의 얼굴을 때리자, 그 사람은 말했다.

"네 행동은 분명 잘못되었지만, 걱정하지 마라. 이번 일로 내양배추 밭을 파헤치지는 않을 것이다."

청년이 이 이야기를 아버지에게 전하자, 이번에는 진정한 친구를 시험해 보라고 말했습니다. 청년이 그 친구의 집에 찾아가 모든 상황을 이야기하고 도움을 청했습니다. 마침 그때 마을에서 살인 사건이 발생했는데 범인이 누구인지 알지 못하는 상황이었습니다. 몇몇 사람들은 청년이 밤에 자루를 들고 가는 것을 보았고 그가 범인이라고 의심했습니다.

결국 청년은 범인으로 몰렸고 재판에서 사형 선고를 받았습니다. 아버지의 진정한 친구는 청년을 구하려고 최선을 다했지만 모든 노력이 헛수고가 되었습니다. 하지만 그는 친구의 아들을 구하지 못한 것에 대해 크게 상심하여 재판관들에게 말했습니다.

"이 청년은 살인을 저지르지 않았습니다. 진짜 범인은 제 아들입니다."

친구의 아들은 하나 밖에 없는 외아들이었습니다. 그럼에도 불구하고 자기 아버지의 뜻을 따라 자신이 살인자라고 인정했습니다. 그리하여 그 아들이 대신 처형되었고 청년은 목숨을 구할 수 있었습니다.

루카노르 백작님, 이제 친구를 어떻게 시험해야 하는지 아시겠지요. 친구를 잘못 믿고 큰 위험을 감수하기 전에 먼저 그들이 진정으로 헌신할 준비가 되어 있는지 시험해 보아야 합니다.

대부분의 친구는 좋은 시절에만 함께하려고 하는 친구일 뿐입니다. 막상 어려움에 처하면 태도가 돌변하는 법이지요. 앞서 들려드린 이야기는 영적인 교훈을 담고 있습니다.

사람들은 위기의 순간에 자신을 도와줄 친구가 많다고 믿지만 정작 죽음이 닥치면 누구도 그들을 구할 수 없다는 것입니다. 주변에 있는 사람들에게 도움을 청하지만 그들은 기도 하겠다고만 말합니다. 성직자에게 가도 마찬가지입니다. 심지 어 가족도 무덤까지 함께하겠다고만 할 뿐 더 이상 돕지 않습 니다. 결코 자신의 목숨을 내던지지 않지요.

　그러니, 백작님, 어떤 친구가 가장 믿을 만한 친구인지 잘 생각해 보십시오. 진정한 친구는 위험과 고난 속에서도 변하 지 않는 자들입니다.

백작은 이 교훈을 듣고 매우 만족하며 감사했다.
돈 후안은 책에 다음과 같은 구절을 남겼다.

진정한 친구는 즐겁고 행복한 시절에
가려지지 않는다.
모든 참된 우정은
가장 어려울 때 드러나며
그 진실을 통해서만 끝까지 지켜나갈 수 있다.

왕국에서 쫓겨나 알몸으로 버려진 남자

   루카노르 백작은 그의 조언자 파트로니오와 대화를 나누며 물었다.

   파트로니오, 많은 이들이 내게 이렇게 말하오. 내가 명망이 높고 강한 권력이 있으니, 원하는 대로 무엇이든 할 수 있다는 것이오. 그리고 이런 지위와 품위를 유지하기 위해 많은 돈과 높은 명예를 계속해서 추구하는 것이 마땅하고 합당한 일이라고 말이오. 내게 가장 유리한 일이 무엇인지 조언해 주기를 바라오.

   파트로니오가 대답했다.

   백작님, 이번 조언은 매우 신중을 기해야 할 문제입니다. 두 가지 이유 때문에 저에게 부담이 됩니다. 첫째, 제가 드릴 조언이 백작님의 뜻에 어긋날 수 있기 때문입니다. 둘째, 주인의 의견에 반하면서 주인에게 이로운 조언을 말하는 것은 대단히 어려운 일이기 때문입니다. 이러한 두 가지 이유로 조언하는 것이 조심스럽습니다.

하오나, 충실한 조언자라면 자신의 이익이나 손해를 따지지 않고 오로지 주인에게 최선의 조언을 해야 합니다. 그러므로 제가 드리는 조언이 백작님께 기쁘게 들리든 그렇지 않더라도 백작님께 가장 이롭고 유익한 조언을 드리는 것이 제 역할이라고 생각합니다.

그래서 말씀드리면 백작님께 조언을 하는 많은 이들이 부분적으로는 옳은 말을 하고 있지만 가장 좋은 것은 아닙니다. 따라서 제가 백작님께 드릴 수 있는 가장 적절한 조언을 위해 한 남자가 큰 왕국의 지배자가 되었을 때 겪은 일을 알려드리고 싶습니다.

어느 나라에서는 매년 새로운 통치자를 임명하는 관습이 있었습니다. 그 지배자는 1년 동안 모든 명령의 권한을 가졌습니다. 그러나 1년이 지나면 그가 가진 모든 것을 빼앗고 벌거벗긴 채 섬에 버리고 그와 함께할 사람은 아무도 남지 않게 됩니다.

그 중 이전의 지배자들보다 훨씬 현명하고 영리한 사람이 나타났습니다. 그는 자신도 1년이 지나면 다른 지배자들처럼 모든 것을 빼앗기고 섬에 버려질 것을 알고 있었습니다. 그래서 자신의 통치가 끝나기 전에 비밀리에 대비책을 진행시켰습니다. 앞으로 갈 섬에 훌륭한 거처를 짓도록 명령한 것입니다. 그 거처에는 그의 평생에 필요한 모든 물품을 준비해 두었습니다. 또한, 그 거처가 아무도 찾지 못할 만큼 은밀한 장소에 지어지도록 했습니다.

그는 그 섬에 몇몇 친구들을 남겨 두었고, 혹시 준비되지 않은 다른 것이 필요하게 되면 그들이 대신 보낼 수 있도록 미리 물자를 마련해 두었습니다. 아무 것도 부족하지 않도록 철저히 대비한 것입니다.

1년이 지나고 그 나라 사람들은 그의 왕국을 빼앗고 그를 벌거벗겨 섬에 버렸습니다. 이전의 통치자들에게 했던 것과 마찬가지였습니다. 그러나 그는 현명하게도 자신이 살 수 있는 은밀한 거처를 준비해 두었기에 그곳으로 가서 호화롭고 편안하게 살아갈 수 있었습니다.

백작님, 만약 조언을 구하신다면 이 세상에서 살아가는 동안 반드시 이 세상을 떠나야 할 때가 온다는 사실을 명심하셔야 합니다. 아무것도 지니지 못한 채 이 세상을 떠나야 하며, 오직 이곳에서 행한 선한 것들만이 함께할 것입니다.

그러니 이 세상을 떠날 때를 대비해 저 세상에 훌륭한 거처를 마련해 두어야 합니다. 이 세상에서 아무것도 지니지 못한 채 떠나도 저 세상에서는 당신의 영원한 삶을 위한 좋은 집을 발견할 수 있도록 말입니다.

영혼은 영원히 지속됩니다. 왜냐하면 영혼은 영적인 존재로서 썩거나 사라지지 않고 항상 존재하기 때문입니다. 또한, 사람이 이 세상에서 행한 선행과 악행은 모두 하늘이 기록되어 상이나 벌을 받게 될 것입니다.

그러므로 이 세상에서 선행을 쌓아야 합니다. 이 세상을 떠나야 할 때 영원히 머물 저 세상에 훌륭한 거처를 마련할 수 있도록 하십시오. 이 세상의 재물과 명예는 헛되고 덧없으니 그것들을 얻으려다 영원히 사라지지 않을 중요한 것을 잃지 마십시오.

또한, 자랑이나 허영심 없이 선행을 행해야 합니다. 그 선행이 알려지지 않더라도 선행을 계속 하시면 백작님께서는 훌륭한 명예와 지위를 오래토록 지키실 수 있을 것입니다.

그리고 이 세상에서 다하지 못한 일들을 생애를 마친 뒤에도 이어갈 수 있도록 신뢰할 만한 친구들을 남기십시오.
이 모든 선행을 쌓은 후에는 명예와 재산을 늘리기 위해 할
수 있는 일을 하는 것이 좋습니다.

백작은 이 이야기가 모두 맞다고 생각하며,
그대로 행할 수 있도록 인도해 주시길 간절히 기도했다.

돈 후안은 자신의 책에 다음과 같은 구절을 남겼다.

곧 사라질 이 세상을 위해 영
원한 것을 잃지 말라.

영원히 이어질 영혼의 날을
순간의 즐거움과 맞바꾸지 마라.

격분하지 말라

어느 날 백작 루카노르가 파트로니오와 이야기를 나누고 있었다.

내가 너무 치욕스러운 말을 들어 너무 화가 난다오. 사람들 입에 내가 오르내리니 내 명예가 실추되었어. 그래서 나의 명예를 떨어뜨린 한 사람에게 크게 앙갚음을 해야겠소. 자네는 이 행동을 어떻게 생각하시오?

파트로니오가 백작이 분노하고 동요하는 것을 보고 말했다.
백작님, 제가 드리고 싶은 말씀이 있습니다. 돈을 주고 지혜를 산 상인이 겪은 이야기를 들어보셨으면 합니다.

어느 마을에 특별한 직업과 지위가 없이 지혜를 파는 일만 하는 위대한 현자가 있었습니다. 한 상인이 그 소문을 듣고 현자에게 찾아가 지혜를 사고 싶다고 했습니다. 현자는 그에게 지혜의 가치에 따라 값을 치러야 한다고 말했습니다. 상인은 작은 돈이지만 1푼어치의 지혜를 구할 수 있냐고 물었습니다. 그러자 현자는 1푼을 받고 말했습니다.

"친구여, 누군가 당신을 저녁 식사에 초대했을 때, 당신이 먹게 될 음식이 무엇인지 모른다면 처음으로 내놓은 음식으로 배를 가득 채우시게."

상인은 현자에게 너무 적은 지혜를 주었다고 말했습니다. 그러자 현자는 적은 금액만 주었으니 당연히 큰 지혜를 얻을 수 없다고 했습니다. 그래서 상인은 2푼어치의 지혜를 달라고 했고 그 값을 치렀습니다. 그러자 현자는 그에게 이렇게 말했습니다.

"당신이 매우 화가 나고 격분하여 분풀이를 하려 할 때, 진실을 다 알기 전에는 절대 화를 내거나 속상해하지 마시오."

상인은 이런 식으로 지혜를 계속 사면 자신이 가지고 있는 모든 돈을 낭비할 거라는 생각이 들어서 더는 지혜를 사지 않았습니다. 하지만 지금 얻은 지혜만큼은 마음속 깊이 간직했습니다.

상인은 돈을 벌기 위해 먼 나라로 무역을 하러 떠났고 그의 아내는 임신한 채로 남아 있었습니다. 상인은 오랜 시간 동안 돌아오지 않았고 그 동안 아내는 아들을 낳았습니다. 상인의 아들이 스무 살이 될 때까지 시간이 흘렀고 상인의 아내는 남편이 살아 있지 않다고 생각하게 되었습니다.

그녀는 아들을 위안으로 삼았으며 남편을 사랑한 나머지 아들을 여보라고 부르며 함께 식사하고 잠을 자기도 했습니다. 아내는 소식 없는 남편을 기다리는 고통 중에서도 정숙한 여인의 모습으로 살아갔습니다.

그러던 어느 날 상인은 모든 무역을 마치고 부자가 되어 고향으로 돌아왔습니다. 상인은 아무에게도 말하지 않고 숨어서 몰래 집 안을 엿보았습니다. 저녁이 되어 그의 아들이 집에 돌아왔고 아내는 아들에게 말했습니다.

"여보, 오늘 어디에 갔다 왔나요?"

상인은 그 말을 듣고 큰 충격을 받았습니다.
그는 아내가 젊은 남자와 애인 관계거나, 결혼한 것이 틀림없었습니다. 상인은 남자가 젊기 때문에 애인 관계라는 쪽에 더 무게를 두었습니다. 그는 젊은 남자를 죽이고 싶은 마음이 가득했습니다. 하지만, 그 순간 그가 2푼을 주고 산 '격분하지 말라'는 지혜를 떠올리며 분노를 다스렸습니다.

그날 저녁 두 사람이 함께 저녁을 먹는 모습을 보자 그를 죽이고 싶은 마음이 더욱 강하게 들었습니다. 하지만, '화가 나더라도 진실을 알기 전까지는 참아라'는 지혜 덕분에 다시 분노를 다스릴 수 있었습니다.

밤이 되자 두 사람이 같은 침소에 드는 것을 보고 상인은 더 이상 참을 수 없을 것 같았습니다. 그는 그들을 죽이려 했지만 또다시 2푼어치로 산 지혜를 떠올리며 자신을 진정시켰습니다.

날이 밝기도 전에 아내는 소리 없이 흐느끼기만 하더니 아들에게 눈물을 흘리며 말했습니다.

"남편이자 아들아, 오늘 아버지가 간 나라에서 배가 도착했다고 하구나! 내일 아침 일찍 가서 아버지 소식을 좀 알아봐 주었으면 좋겠다."

상인은 그 말을 듣고 아내가 임신한 상태에서 자신이 떠났던 것을 기억하고, 그가 그토록 의심하던 젊은 남자가 자신의 아들임을 깨달았습니다. 그의 기쁨은 말로 다 할 수 없었고 자신이 아들을 죽이지 않도록 도와준 현자의 지혜에 크게 감사했습니다. 그는 자신이 2푼을 주고 산 지혜 덕분에 걷잡을 수 없는 분노 속에서 폭력적인 행동을 하지 않은 것이 행운이라고 생각했습니다.

누군가가 백작님에게 불명예스러운 일을 했다고 생각돼도 그 진실을 알기 전까지는 서둘러 행동하지 마시길 권합니다. **분풀이를 하면 고통이 줄어들 것 같아도 실상은 그렇지 않습니다.** 진실을 알 때까지 기다리면 아무것도 잃지 않겠지만 성급하게 행동하면 후회하게 될 것입니다.

백작은 이 조언이 좋다고 생각하여 그대로 따랐고,
결과는 매우 좋았다.
돈 후안은 그것을 책에 다음과 같은 시를 썼다.

누군가 나를 모함하고
나를 비방하는 것을 알게 되었다면

확실한 증거를 찾으라.
그리고 그 진실 여부가 가려지기 전까지
침묵하라.

진실을 알기 전에 화를 내면
격분한 만큼 반드시 후회하게 된다.

episode 43 ──────────────

죽음을 앞두고

어느 날 루카노르 백작은 그의 조언자 파트로니오와 대화를 나누며 이렇게 말했다.

감사하게도 내 일은 잘 정리되었소. 나는 평안하며 이웃들에게 할 일을 다 한 것 같다네. 어쩌면 그 이상일 수도 있겠소. 이제 몇몇 사람들은 나에게 특별한 일을 하라고 권하고 있고 나도 그들의 조언을 따르고 싶소. 하지만 자네와 먼저 대화를 나누기 전에는 아무 일도 시작하지 않고 있었소.

파트로니오는 대답했다.

루카노르 백작님, 가장 적절한 결정을 내리시려면 이탈리아의 제노바 사람에게 일어난 이야기를 들어보셔야겠습니다.

한때 제노바에 매우 부유하고 이웃들에게 존경받던 한 남자가 있었습니다. 그 제노바 사람은 심각한 병에 걸려 죽음을 피할 수 없다는 것을 깨달았습니다. 그래서 그는 친척들과 친구들을 불렀고 아내와 자녀들까지 오게 했습니다. 그는 바다와 땅을 모두 볼 수 있는 방에 앉아 모든 보물과 보석을 그 앞에 가져오도록 명령했습니다. 모든 것이 앞에 놓였을 때 그는 자신의 영혼에게 농담조로 이렇게 말했습니다.

'영혼이여, 네가 나를 떠나려는 것 같구나. 왜 그러는지 모르겠다. 만약 네가 아내와 자식이 필요하다면 여기 네 앞에 있지 않느냐? 너는 분명 만족해야 할 것이다. 친척과 친구를 원한다면 여기 세상의 존경을 받는 훌륭한 사람들이 있지 않느냐? 금, 은, 보석, 보물, 귀한 옷이 필요하다면 여기 모든 것이 있으니 더는 필요 없을 것이다.

배와 갤리선이 필요하다면 창문 밖으로 바다에 있는 배들이 보일 것이다. 아름답고 멋진 정원이 필요하다면 창문을 통해 다 볼 수 있지 않은가?

말이나 노새, 사냥을 위한 새와 개, 또는 너를 즐겁게 할 광대나 편안한 침대와 편의시설이 필요하다면 여기 다 있다. 이 모든 걸 갖추고도 만족하지 못하고 이 모든 축복을 받아들일 수 없는가? 그렇다면 어디로 가는지 모르겠지만 영혼이여, 떠나라.'

감사하게도 백작님은 이미 평안 속에 부유함과 명예를 누리고 있으니 모험을 찾아 나서거나 누군가의 권유를 따라 무모한 일을 하시지 않는 게 좋을 것입니다. 어쩌면 그 조언을 해주는 사람들이 당신을 어려운 상황에 빠뜨려 결국 그들의 뜻을 따르게 하려는 의도일 수도 있습니다.

평화로울 때는 그들이 당신을 따르지만 위험에 빠지면 그들은 자신의 이익만 챙기려 할 것입니다. 그러니 진정으로 필요한 상황이 아니라면 무모한 일에 휘말리지 않는 것이 현명할 것입니다.

루카노르 백작은 파트로니오의 조언에 만족했고
그 조언을 따랐으며 이익을 얻었다.
돈 후안은 이 이야기에 관해 시를 쓰지 않고
카스티야 지방에서 전해 내려오는 다음과 같은 속담을 적었다.

이득이 있을 때가 아니면
앉아 있는 자리를 떠나지 마라.

매와 독수리 싸움에 낀 왜가리

루카노르 백작은 그의 조언자 파트로니오와 이야기를 나누었다.

파트로니오, 나는 여러 사람과 자주 전쟁을 하게 된다네. 전쟁이 끝나면 어떤 사람들은 다른 적과 다시 싸움을 시작하라고 조언하고, 어떤 사람들은 쉬고 평화를 유지하라고 한다네.

또 다른 사람들은 무어인들과 전쟁을 시작하라고 하오. 당신만큼 잘 조언할 수 있는 사람은 없으니, 이번 상황에서 내가 어떻게 해야 할지 알려주시오.

파트로니오가 말했다.

백작님, 이번 상황에서 어떻게 대처하는 것이 가장 좋은지 알수 있도록 돈 후안 마누엘(Don Juan Manuel)의 세이커 매와 독수리, 그리고 왜가리에 관한 이야기를 들려드리겠습니다.

　돈 후안 마누엘 왕자가 에스칼로나 근처에서 사냥을 하던 중, 세이커 매를 왜가리에게 풀어놓았습니다. 매가 왜가리에게 날아오르자 독수리가 매를 공격하려 했습니다. 매는 독수리를 두려워하여 왜가리를 버리고 도망쳤습니다. 그러나 독수리가 매를 잡을 수 없자 멀리 날아가 버렸습니다.

　매는 독수리가 사라지자 다시 왜가리를 쫓기 시작했습니다. 그러나 독수리가 다시 돌아왔고 매는 다시 도망쳤습니다. 이런 일이 세 번, 네 번이나 반복되었습니다.

　독수리가 사라질 때마다 매는 왜가리를 쫓았고 독수리가 돌아오면 매는 도망쳤습니다. 결국 매는 왜가리를 사냥하지 못하게 하는 독수리를 표적으로 삼았습니다. 왜가리를 놔두고 독수리를 향해 올라가 여러 번 공격해, 독수리를 크게 다치게 했고 결국 독수리가 그 지역을 떠나도록 만들었습니다.

　매가 독수리를 몰아낸 후, 다시 왜가리에게 날아올랐고 하늘 높이 올라가 추격했습니다. 그러나 독수리가 또다시 그를 공격하기 위해 돌아왔습니다. 매는 더 이상 선택의 여지가 없다는 것을 깨닫고 다시 독수리를 향해 날아올라 독수리의 날개를 부러뜨릴 정도로 강하게 공격했습니다.

독수리의 날개가 부러진 채 떨어지는 것을 보자, 매는 다시 왜가리에게 돌아가 그를 잡았습니다. 왜가리 사냥을 마치기 전에 방해하던 독수리를 물리쳤기 때문에 매는 사냥을 포기하지 않을 수 있었습니다.

백작님, 지금의 위치에서 무어인들과의 전쟁이 가장 유익한 일임을 아실 것입니다. 다른 일이 해결되면 곧 무어인들과 전쟁을 시작하십시오. 이렇게 함으로써 많은 선한 일을 이룰 수 있습니다.

첫째로, 명예를 지키며, 자신의 위치와 의무에 충실할 수 있습니다. 무임승차하는 것은 위대한 군주로서 합당하지 않습니다. 군주들은 해야 할 일이 없을 때, 백성들을 제대로 대하지 않으며 그들에게 해야 할 모든 것을 하지 않기 때문입니다. 쓸데없는 일에 시간을 낭비하게 되죠.

귀족들에게는 명확한 목표가 있는 것이 좋습니다. 귀족으로서 수행할 수 있는 모든 의무 중에 무어인들과의 전쟁보다 더 명예롭고 유익한 일은 없습니다. 제가 이미 이야기했던 영국의 리처드 왕이 자신을 희생하여 승리를 이뤄낸 이야기를 기억해 보십시오.

인생에서 죽음을 맞이해야 한다는 사실을 마음에 새기십시오. 인생 동안 당신이 저지른 죄의 대가를 반드시 치러야 한다는 사실을 깨달으십시오. 하지만 선한 의지를 가지고 전쟁 중에 죽는다면 축복을 받을 것입니다.

설령 전쟁에서 죽지 않더라도 선한 행동과 진실한 의도를 통해 당신은 구원받을 것입니다.

백작은 이 조언을 좋게 여겼고,
파트로니오의 말을 따랐으며,
이 일을 잘 이끌어달라고 기도했다.

돈 후안은 다음과 같은 구절을 썼다.

**신이 너를 돌봐주시길 원한다면,
그분을 항상 마음에 새겨라.**

나태함을 극복해야 하는 이유

어느 날, 루카노르 백작은 조언자인 패트로니오에게 이렇게 말했다.

패트로니오, 자네도 알다시피 나는 이제 젊지 않네. 지금까지 많은 고난을 겪어왔고, 이제는 쉬면서 사냥도 다니고, 노동과 고단함에서 벗어나고 싶네. 자네가 항상 나에게 좋은 조언을 해주었으니, 이번에도 내가 어떻게 하는 것이 가장 좋을지 말해주게.

패트로니오가 말했다.

백작님의 말씀이 충분히 합리적이라고 생각합니다. 하지만 예전에 페르난 곤살레스(Fern?n Gonz?lez) 백작이 누뇨 라이네스(Nuno Laynes)에게 했던 말을 들어보시길 바랍니다.

페르난 곤살레스 백작이 부르고스에 있었을 때, 그는 자신의 땅을 지키기 위해 많은 고난을 겪었지요. 어느 날, 백작이 잠시 평화를 누리고 있을 때 누뇨 라이네스가 백작에게 말하기를,

"이제는 위험한 일에 너무 많이 나서지 마시고 백작님도 쉬시고, 부하들도 쉬게 하시는 것이 좋을 것 같습니다."

그러자 백작은 이렇게 답했습니다.
"나도 쉴 수만 있다면 누구보다도 쉬고 싶겠지만 지금은 무어인들, 레온인들, 나바르인들 사이에 큰 전쟁이 일어나고 있네.
우리가 느긋하게 있다가는 적들이 우리를 노릴 것이야. 만약 우리가 좋은 매를 가지고 아를란손 위쪽에서 사냥을 하거나, 좋은 살찐 노새를 타고 사냥을 다닌다면 그렇게 할 수는 있겠지.

하지만 우리가 우리의 땅을 지키지 않는다면 결국 속담처럼 '죽음이 찾아왔을 때 그 사람은 죽고, 그의 명성도 함께 사라졌네'라는 말이 현실이 될 것이네.
그러나 우리가 휴식을 잊고 우리 자신을 방어하며 명예를 쌓는다면, 사람들이 우리에 대해 '그 사람은 죽었지만 그의

명성은 살아있네'라고 말할 것이야.

결국 우리가 아무리 게으르고 나태해도 죽음은 피할 수 없네. 하지만 나로서는 우리가 나태함이나 안일함 때문에 우리가 죽고 나서도 명예로운 행적이 남지 않게 되는 것이 좋게 보이지 않네."

그리고 패트로니오는 이렇게 덧붙였다.
백작님께서도 죽음을 피할 수 없다는 것을 알고 계시니 제 조언을 따라 나태함에 빠지지 말고, 죽음 이후에도 백작님의 명성이 남을 수 있는 행적을 만들어 가시길 바랍니다.

백작은 패트로니오의 조언을 듣고 매우 만족했고,
그에 따라 행동하여 많은 이득을 얻었다.
돈 후안은 다음과 같은 시를 썼다.

나태함은 우리의 명성을 앗아가니,
삶이 짧게 느껴진다면
그 책임은 자신에게 있다.

철학자가 돌보던 어린 왕에게 일어난 일

어느 날, 루카노르 백작은 그의 조언자인 패트로니오와 이야기를 나누었다.

패트로니오, 내가 매우 아끼던 친척이 있었는데 작은 아들을 남기고 세상을 떠났소. 그 아이를 내가 키우고 있지. 아이의 아버지에게 빚진 것이 있었고 아이에 대한 애정도 있었네.

아이가 자라서 나에게 보답할 것도 기대했지. 그래서 자네도 알다시피 그 아이를 잘 돌봐왔네. 그 아이를 마치 내 아들처럼 사랑하고 있지. 아이가 앞으로 훌륭한 사람이 될 것이라 기대하고 있네.

그런데 걱정되는 부분이 있네. 외모나 지능이 출중하긴 하지만 내면적으로 잘못된 길로 빠질까 염려가 되오. 아직 나이가 어려서인지 때때로 친구들과 어울리며 미혹에 빠지고 삿된 길을 가는 것 같다네.

자네의 지혜를 믿기에, 아이의 장래를 위하여 내가 어떻게 해야 할지 조언을 부탁하오.

백작의 이야기를 들은 조언자는 도움이 될 만한 이야기를 들려주었다.

한 철학자와 그의 보호를 받던 어린 왕에게 일어난 일을 들어보시면 아이를 올바르게 키우는 데 도움이 되실 겁니다. 어떤 왕에게 어린 아들 하나가 있었는데 교육을 위해 한 철학자에게 맡겨 키우게 했습니다. 왕이 죽었을 때 그 아들은 아직 어린아이였지만 왕이 되었고, 철학자는 그를 15세가 넘을 때까지 돌보았죠.

청소년이 되었을 때 그는 스승의 충고를 무시하고 다른 선생의 말을 듣기 시작했습니다. 그에게 별 책임감을 느끼지 않은 사람들의 충고를 들으며 행동한 것입니다. 그는 나라를 온전히 돌보지 못했고 건강과 재산을 돌보는 일들이 엉망이 되었었습니다. 사람들은 그 젊은 왕의 어리석음으로 인해 백성의 삶이 나빠지고 왕의 건강과 재산을 잃고 있는 것을 안타까워했습니다.

사태는 더욱 심각해져서 철학자는 크게 걱정했으나 어떻게 해야 할지 몰랐습니다. 철학자는 어린 왕을 자주 꾸짖고 충고하며 억제시켰지만 소용이 없었습니다. 청소년기의 방황 속에서 그가 잘못된 길로 빠졌던 것입니다. 철학자는 그를 바로잡기 위한 방법을 찾다가 한 가지 묘책을 생각해냈습니다.

철학자는 왕궁에서 자신이 세상에서 가장 위대한 예언자이자 점성술사라는 소문을 조금씩 퍼뜨렸습니다. 그 소문이 널리 퍼지자 어린 왕도 듣게 되었습니다. 어린 왕은 철학자에게 그가 정말 예언을 할 수 있는지 물었고 철학자는 처음에는 부인했지만, 결국 예언을 할 수 있다고 인정했습니다.

하지만 아무에게도 말하지 말라고 주의를 주었습니다. 호기심이 많은 아이들처럼, 왕도 예언을 보고 싶어 했지요. 철학자가 계속 미루자 왕은 점점 더 보고 싶어 했습니다.

어느 날, 결국 철학자가 아침 일찍 왕을 데리고 나가기로 했습니다. 그들은 한 외딴 마을들이 있는 계곡으로 갔습니다. 그들이 몇몇 마을을 지나자 나무에서 까마귀가 울고 있었습니다. 그리고 다른 나무에서도 까마귀가 울었고 있었습니다. 왕은 철학자에게 이 까마귀들이 서로 무슨 말을 하고 있는지 아는지 물었습니다.

왕을 향해 고개를 끄덕인 철학자는 까마귀들의 울음소리를 가만히 듣기 시작했습니다. 그리고 갑자기 눈물을 흘리며 옷을 쥐어뜯고는 깊은 슬픔에 빠진 표정을 지었습니다. 왕이 놀라서 철학자에게 그 이유를 물었습니다. 철학자는 처음에는 말하기를 꺼렸으나 결국 이렇게 말했습니다.

"두 까마귀는 서로의 자식들을 결혼 시키려고 했습니다.

한 쪽 까마귀가 결혼이 결정된 지 꽤 시간이 흘렀으니 이제 서둘러 진행하자고 했습니다.

그러자 다른 까마귀가 결혼이 계획되기는 했으나 지금은 우리 집이 그 당시보다 더 부유해 져서 결혼은 조금 더 생각해 봐야겠다고 했습니다.

감사하게도 현재 어린 왕의 치세가 시작된 이래로 황폐해진 곳이 많아져서 모든 마을에 뱀, 도마뱀, 두꺼비와 같은 생명체들이 많이 늘어 먹을 것도 풍족해졌기 때문에, 이제 양측의 조건이 같지 않다는 것이었습니다.

그러자 첫 번째 까마귀는 결혼을 미루자는 말이 어리석다고 웃으며 말했습니다. 왕이 계속 살아있다면 곧 자신이 사는 계곡까지 황폐해질 것이고, 그러면 먹을 것이 그곳보다 더 많아져서 자기네가 더 부유해질 것이라고요. 그러니 결혼을 미룰 이유가 없다는 것이었습니다. 결국 그들은 결혼을 허락했습니다."

왕은 이 이야기를 듣고 깊은 슬픔에 빠졌고 자신의 잘못으로 인해 나라가 황폐해졌음을 깨달았습니다. 철학자는 왕이 깊이 반성하고 나라를 돌보겠다는 의지를 보이자, 그에게 훌륭한 조언을 주어 왕이 곧 자신의 문제뿐만 아니라 왕국의 문제까지 모두 해결하도록 도왔습니다.

백작님도 소년을 바로잡고 싶다면, 그가 자신의 상황을 이해할 수 있도록 예시나 적절한 말로 가르쳐야 합니다. 좋은 약은 입에 쓰지만 그 효능은 높다는 것을 참고하시어 어떻게 해야할지 생각해보십시오.

하지만 절대 벌을 주거나 대우를 나쁘게 해서 그를 바로잡으려 하지 마십시오. 대부분의 소년들은 자신을 벌주는 사람을 미워하기 때문입니다.

특히 중요한 사람에게 벌을 받으면 그것에 모멸감을 느끼며 부정적으로 받아들이며 자신의 잘못을 깨닫지 못합니다. 그와의 관계가 나빠질 수 있고 이는 앞으로 백작님과 소년 모두에게 이롭지 않을 것입니다.

패트로니오의 조언을 들은 백작은
그것이 옳다고 생각하여 행동했고,
많은 이익을 얻었다.
돈 후안은 다음과 같은 구절을 남겼다.

젊은이를 듣기 싫은 소리로 책망하거나 꾸짖지 말고,
그가 올바른 길을 갈 수 있도록 좋을 행동과,
말로 가르치라.

episode 47

간을 꺼내 씻어야 했던 남자

어느 날 루카노르 백작은 그의 조언자 파트로니오와 대화를 나누며 이렇게 말했다.

파트로니오, 신께서 여러모로 나에게 은혜를 베풀어주셨지만 지금은 돈이 부족한 상황이오. 어쩔 수 없이 내 재산 중 하나를 팔아야 할 것 같소. 이 결정을 내리는 것이 너무나 마음 아프지만 다른 선택을 해도 마찬가지로 힘들 것이오. 지금 나에게 닥친 어려움을 해결하려면 결국 그렇게 해야 할 것 같소. 내가 이렇게 힘든 결정을 내리려는 와중에도 많은 사람들이 와서 내게 큰돈을 달라고 부탁하고 있소. 당신의 지혜로 내가 어떻게 해야 할지 조언해주시오.

파트로니오는 대답했다.

지금 백작님께 일어나고 있는 일이 마치, 아주 아픈 남자에게 일어난 일과 비슷하다고 생각합니다. 그 남자가 너무 심하게 병이 들어서 의원에 갔습니다. 그러자 의사는 그의 간을 꺼내어 특정 약재로 씻지 않으면 치료할 방법이 없다고 했습니다. 그 남자는 고통을 겪고 있었고 의사는 간을 손에 들고 치료를 하고 있었지요. 그때 갑자기 옆에 있던 사람이 아픈 사람에게 '그 간을 내 고양이에게 줄 수 있겠느냐'고 부탁했습니다. 과연 아픈 남자는 자기 간을 그 사람에게 주었을까요?

만약 백작님께서 이렇게 자신을 희생하면서까지 돈을 줘야 한다고 생각하신다면 그렇게 하셔도 좋습니다. 하지만 백작님께서 그동안 어려움을 겪어가며 모은 피와 같은 돈을 별로 필요로 하지도 않는 사람들에게 주신 것만은 피하시길 바랍니다. 그건 아픈 남자가 자기 간을 다른 사람에게 주는 것과 마찬가지로 어리석은 행동이기 때문입니다. 절대 그렇게 하지 않으시는 게 좋겠다고 조언하고 싶습니다.

루카노르 백작은 파트로니오의 말에 크게 만족했고

그 충고를 따르자 이익을 얻었다.

돈 후안은 다음과 같은 구절을 남겼다.

남에게 주어서는 안 될 것을

쉽게 줘버린다면

결국 당신에게 큰 피해로 돌아올 것이다.

여동생의 속셈

루카노르 백작은 그의 조언자 파트로니오와 다시 대화를 나누었다. 백작이 말했다.

파트로니오, 내게 형이 있다는 것을 알고 있지 않소. 우리는 같은 부모에게서 태어났다오. 형은 나보다 나이가 많기 때문에 아버지처럼 존중하며 그의 말에 복종해야 한다고 느꼈지. 형은 신앙심이 깊으며 신중한 사람으로 평판도 좋소.

하지만 내가 형보다 더 부유하고 영향력이 있다네. 비록 형이 겉으로 드러내지 않더라도 이 점을 질투하고 있다고 확신하네. 그래서 내가 형의 도움이 필요할 때면 도와주려고 하지 않는다네. 이럴 때마다 나는 당황해서 그러지 말라고 말하게 되네.

반면, 형이 도움이 필요할 때면 나는 모든 것을 잃는 한이 있더라도 목숨과 재산을 걸고서라도 도와야 한다고 주장한다오. 이와 같은 상황에서 내가 무엇을 해야 할지, 그리고 어떤 선택이 가장 적절할지 조언해 주시기를 바라오.

파트로니오는 아랍인과 그의 여동생에게 일어났던 일과 비슷하다면서 그 이야기를 들려주었다.

한 아랍인에게는 겁쟁이인 척하는 여동생이 있었습니다. 그녀는 아랍인들이 사용하는 토기로 물을 마실 때, 물이 꿀꿀거리는 소리만 들어도 겁에 질려 기절할 것처럼 보였습니다. 그녀의 오빠는 튼튼한 체격을 가졌지만 매우 가난했습니다.

사람은 극심한 궁핍 속에서 원치 않는 일도 하게 되는 법이죠. 그는 생계를 유지하기 위해 부끄러운 일을 할 수밖에 없었습니다. 누군가 죽으면 밤에 무덤을 찾아가 수의를 벗기고 함께 묻힌 값진 물건들을 훔쳐냈습니다. 이렇게 해서 그는 여동생과 가족을 부양했습니다. 여동생은 그의 이런 행위를 알고 있었습니다.

그러던 중 어느 날 매우 부유한 사람이 사망했고 값비싼 옷과 귀중한 물건과 함께 매장되었습니다. 이를 들은 여동생은 오빠에게 그날 밤 자신도 함께 가서 묻힌 물건들을 훔치겠다고 말했습니다. 밤이 되자 두 사람은 무덤으로 가서 시신이 묻힌 관을 열었습니다. 그러나 시신에 둘러진 수의를 벗기려 했을 때 옷을 찢지 않고서는 벗길 수 없었습니다.

옷을 온전하게 벗기려면 시신의 목을 부러뜨려야 했습니다. 그러자 여동생은 자신의 손으로 과감하게 시신의 목을 부러뜨리고 옷과 함께 다른 귀중한 물건들을 챙겨갔습니다.

다음 날, 두 사람이 식사할 때가 되어서 토기에 물을 따르는데 물이 꿀꿀거리는 소리가 났습니다. 그러자 여동생은 겁에 질린 척하며 거의 기절할 듯 한 표정을 지었습니다. 이를 본 오빠는 여동생이 어젯밤에 두려움 없이 시신의 목을 부러뜨리던 것을 떠올리며 이렇게 말했습니다.

"아하, 토기에서 나는 꿀꿀거리는 소리는 무서워하면서도 죽은 사람의 목을 부러뜨릴 때는 겁내지 않는구나!"

이 말은 아랍어로 된 속담이며 무슬림들 사이에서 흔히 쓰이는 말이 되었습니다.

형님께서 백작님이 요청하는 것은 거절하면서도 본인에

게 이득이 되는 일에는 백작님의 목숨을 걸라고 요구하는 것은 마치 그 아랍인 여동생과 같습니다.

형님께는 상냥하게 말하고 친절하게 대하되, 백작님에게 해가 되지 않는 범위 내에서만 돕는 것이 좋겠습니다. 백작님에게 해가 될 만한 일은 피하여 손해가 가지 않도록 조심하십시오.

백작은 이 조언이 훌륭하다고 생각하고 이를 따르기로 했으며, 그 결과 큰 이익을 얻었다.

돈 후안은 이 책에 기록하고 다음과 같은 구절을 남겼다.

위선적인 사람의 요구를 쉽게 따르지 말라.
그는 당신을 위해 어떤 위험도 감수하지 않을 것이다.

선과 악의 기준은 무엇인가?

The Book of Count Lucanor and Patronio:
A Translation of Don Juan Manuel's El Conde Lucanor

1판 1쇄 인쇄	2024년 12월 14일
1판 1쇄 발행	2024년 12월 18일
지은이	돈 후안 마누엘
편저	여왕벌(서진)
번역	장헌
펴낸 곳	스노우폭스북스
대외 커뮤니케이션	진저(박정아)
진행	클리어(정현주)
마케팅 총괄	에이스(김정현)
SNS	라이즈(이민우)
커뮤니티	테드(이한음)
표지·본문 디자인	샤인(김완선)
퍼포먼스 바이럴	썸머(윤서하)
컨텐츠 아티클	루시(홍지연)
제작	해니(박범준)
검색	형연(김형연)
영업	영신(이동진)
인쇄	남양문화사
종이	월드페이퍼
주소	경기도 파주시 회동길 527, 스노우폭스북스 빌딩 3층
대표번호	031-927-9965
팩스	070-7589-0721
투고 메일	edit@sfbooks.co.kr
출판신고	2015년 8월 7일 제406-2015-000159
ISBN	979-11-91769-88-3 (03100)

값 14,000원